DU

SYSTÈME SOCIAL

ET DES LOIS QUI LE RÉGISSENT.

Corbeil, imprimerie de Crété.

DU
SYSTÈME SOCIAL

ET

DES LOIS QUI LE RÉGISSENT,

PAR AD. QUÉTELET,

Président de la Commission centrale de statistique de Belgique ; Secrétaire perpétuel de l'Académie royale
de Bruxelles ; correspondant de l'Institut de France ; des Sociétés royales de Londres,
Édimbourg, Gœttingue, Copenhague, Moscou ; des Académies de Berlin,
Turin, Lisbonne, Naples, Palerme, Madrid, Boston, Munich,
Dublin, Rio-Janeiro, etc.

PARIS

GUILLAUMIN ET CIE, LIBRAIRES,

Éditeurs du Journal des Économistes, de la Collection des principaux Économistes,
du Dictionnaire du commerce et des marchandises, etc.

RUE RICHELIEU, 14.

1848

A SON ALTESSE ROYALE

LE PRINCE ALBERT

DE SAXE-COBOURG ET GOTHA.

HOMMAGE

D'UN PROFOND RESPECT ET D'UN AFFECTUEUX DÉVOUEMENT

OFFERT PAR

A. QUÉTELET.

PRÉFACE.

———————

L'ouvrage que je publie est la continuation de mes études sur l'homme et sur l'état social; il forme le complément de deux autres ouvrages : L'*Essai de physique sociale* et les *Lettres sur la théorie des probabilités appliquée aux sciences morales et politiques.*

J'ai dû revenir sur différentes questions qui

m'avaient occupé déjà, afin de les développer et de les examiner dans leurs principaux détails. Par exemple, en donnant la théorie de l'homme moyen, j'avais insisté, dans mon premier ouvrage, sur la nécessité de présenter, en même temps qu'une moyenne, les limites inférieure et supérieure entre lesquelles tous les résultats individuels se trouvent compris.

J'ai fait voir ensuite, dans les *Lettres sur la théorie des probabilités*, que ces résultats individuels, dans certains cas, sont assujettis à un ordre régulier : ainsi, quand il s'agit de la taille des hommes d'une même nation, les valeurs individuelles se groupent symétriquement autour de la moyenne, selon une loi que j'ai nommée la *loi des causes accidentelles*. J'ai été conduit à démontrer, ainsi, ce que je n'avais d'abord émis qu'hypothétiquement ; savoir, que l'homme moyen joue, dans une nation, un rôle important; qu'il en est véritablement le *type* ou le module; et que les autres hommes n'en diffèrent, en plus et en moins, que par l'influence des causes accidentelles dont les effets finissent par devenir calculables, quand les épreuves sont suffisamment prolongées.

Dans ce nouvel ouvrage, je montre que la loi des causes accidentelles est une loi générale qui s'applique aux individus comme aux peuples, et qui domine nos qualités morales et intellectuelles tout aussi bien que nos qualités physiques. En sorte que ce qui est regardé comme accidentel, cesse de l'être, quand les observations portent sur un nombre considérable de faits.

J'avais déjà remarqué que le libre arbitre dont les effets sont si capricieux, quand on se borne à observer les individus, ne laisse pas de traces sensibles de son action, quand on considère un très-grand nombre d'hommes.

Je fais voir ici, que, contrairement aux opinions reçues, les faits sociaux, influencés par le libre arbitre, procèdent avec plus de régularité encore que les faits simplement soumis à l'action des causes physiques ; et j'en expose les motifs. De sorte qu'en partant de ce principe fondamental, l'on peut dire que la statistique morale doit désormais rentrer dans les sciences d'observation.

La statistique morale méritait une attention particulière ; j'ai tâché de jeter quelque jour sur les principales difficultés qu'elle présente et sur la marche à suivre pour les surmonter. J'ai cru devoir, à ce sujet, établir une distinction essentielle entre les tendances *apparentes* qu'on observe réellement, et les tendances *vraies* qu'on cherche à reconnaître.

Jusqu'ici, l'on a parlé d'une manière très-vague, des forces morales qui dirigent l'homme et déterminent ses actions; j'ai essayé de montrer que ces forces peuvent se composer et admettre des résultantes comme les forces physiques; que la plupart même des lois de la mécanique trouvent leurs analogues, quand on passe du monde physique au monde moral.

Il existe aussi une corrélation entre les sciences qui concernent l'homme dans ces deux ordres de choses; c'est-à-dire que deux sciences analogues marchent toujours de front et présentent les mêmes principes qui se traduisent à peu près de la même manière, en les appliquant soit au physique soit au moral.

Je ne me fais du reste pas illusion sur la valeur de cet ouvrage. Je ne le considère que comme une esquisse fort incomplète d'une science nouvelle qui tend à se faire jour, et qui a pour objet d'étudier l'homme dans ses divers degrés d'agrégation, depuis l'état individuel jusqu'à l'état de combinaison le plus élevé qui comprend l'humanité tout entière.

Chaque combinaison donne naissance à un corps distinct qui est animé d'une vie particulière, et qui a sa naissance, sa fin et ses conditions d'existence. Des lois spéciales président au développement de ces corps et en règlent les destinées. Il faut cependant que la combinaison soit réelle, et que le prétendu corps ne se compose pas d'une réunion d'éléments dissemblables qui répugnent à subsister d'une vie commune.

La combinaison la plus remarquable est celle qui constitue une nation. Tout en elle mérite une étude spéciale ; aucune des phases de la vie de ce grand corps ne doit échapper à notre examen ; il faut suivre progressivement son développement sous le triple rapport du physique, du moral et de l'intelligence. Les caractères de la jeunesse, de l'âge mûr et de la décrépitude s'y dessinent avec autant d'é-nergie que chez les différents êtres de la créa-tion. Un pareil corps a sa physiologie spéciale ; il pense, il écrit, il s'énonce d'une manière qui lui est propre ; il a ses crimes et ses vertus.

L'économie politique n'est qu'une branche des sciences qui se rapportent à l'homme ; elle se borne à rechercher comment les richesses se produisent, se distribuent et se consomment. Elle examine d'une manière absolue la plu-part des grands problèmes qui touchent à la vie matérielle d'un peuple. Mais aucune scien-ce, jusqu'à présent, n'a recherché les principes d'équilibre et de mouvement, et surtout les principes de conservation qui existent entre les différentes parties du système social.

Si la morale et la justice ont une valeur absolue, pourquoi les lois ne sont-elles pas les mêmes chez les différents peuples? Y a-t-il des motifs qui expliquent ces différences? ensuite ce qui est juste entre les individus, l'est-il aussi entre les peuples?

J'ai dû toucher à trop de sujets, pour avoir pu en approfondir aucun. Je n'avais d'ailleurs pour but que d'indiquer sommairement les différents objets dont je voudrais voir entreprendre l'étude. Il me semble qu'il se présente ici un terrain nouveau; j'ai essayé d'y planter quelques jalons, pour en prendre connaissance et en apprécier l'étendue.

L'ouvrage était écrit d'abord sous forme de lettres; j'ai cru devoir adopter ensuite une marche plus didactique et plus en harmonie avec la gravité du sujet dont j'avais à m'occuper. Je désire avant tout qu'il ne soit pas trop indigne du Prince qui a daigné m'encourager à le composer et qui a bien voulu en agréer l'hommage.

Je dois à l'étude des sciences morales et politiques de précieux dédommagements pour le temps et les soins que je lui ai consacrés. Elle m'a procuré, depuis ma jeunesse, des relations de bienveillance avec la plupart des savants qui s'en sont occupés avec le plus de distinction. Tout récemment encore, deux économistes distingués, M. Ch. H. Rau, en Allemagne, et M. M. L. Wolowski, en France, m'ont donné des témoignages bien honorables de leur estime, en inscrivant mon nom sur leurs derniers ouvrages. Je saisis cette occasion pour leur exprimer publiquement ma reconnaissance.

Je ne dois pas moins de remercîments à mon savant ami, M. Villermé qui, cette fois encore, a bien voulu suppléer à mon absence et surveiller l'impression de cet ouvrage, avec une obligeance pour laquelle je ne saurais trop lui exprimer ma gratitude.

QUÉTELET.

Bruxelles, le 14 janvier 1848.

INTRODUCTION.

L'homme peut être considéré sous différents rapports. Les lois qui le concernent sont essentiellement distinctes de celles qui le rattachent aux autres hommes; c'est ce qui en rend l'étude aussi variée que difficile.

Pour juger sainement des choses, il faut se placer de manière à en apercevoir tous les détails. Notre vue trop bornée ne peut saisir qu'un certain ensemble d'objets en rapport avec les distances et la largeur de notre angle visuel ; il en est à peu près de même des yeux de l'esprit.

Quand, du haut d'un vaisseau, j'arrête mes regards sur l'Océan, j'aperçois des vagues immenses qui passent majestueusement devant moi, sans que je puisse reconnaître le lieu où elles se sont formées ni celui où elles vont s'effacer.

Si je descends ensuite du vaisseau pour prendre place dans une barque à peu près au niveau de la mer, et si je concentre mon attention sur les petits mouvements oscillatoires qui rident la surface de l'eau, je perds de vue le magnifique spectacle qui m'occupait d'abord. C'est tout au plus si mes regards saisissent une étendue qui dépasse les limites de la vague sur laquelle je suis porté ; mais je vois une infinité de détails qui m'avaient échappé.

Tel est aussi le spectacle que présentent les peuples. Vus à une certaine distance, ils se dessinent, se diversifient entre eux et suivent leurs destinées, sans qu'on puisse saisir, la plupart du temps, leur origine ni leur fin : les uns turbulents et superbes ; les autres souples et développant les formes les plus capricieuses. Les existences personnelles ne s'aperçoivent qu'à peine ; pour les étudier, il faut concentrer son attention sur elles, et perdre de vue l'immensité de cet autre océan sur lequel on navigue, il faut saisir rapidement leurs formes fugitives qui rarement étendent à quelque distance le cercle de leur action.

Mais ces vagues mêmes, qui nous représentent les peuples, ne sont rien à côté d'une onde plus vaste, à côté de l'onde des marées qui domine l'océan à travers lequel elle se déroule lentement dans sa marche triomphale. C'est ainsi que les peuples s'effacent également en présence de l'humanité.

Ce ne sont plus des yeux vulgaires qui peuvent constater ce mouvement universel; on ne saurait se placer assez haut pour l'apercevoir, et l'œil n'aurait pas assez de pénétration pour en saisir les phases. La science doit nous venir en aide et suppléer à l'imperfection de nos sens. Ce n'est qu'en nous appuyant sur elle, que nous pouvons suivre le phénomène dans toute son étendue, et en étudier à la fois les effets et les causes. Nous voyons alors se révéler les grandes lois de la nature; leur action s'y trouve plus nettement prononcée que dans la propagation des vagues qui naissent sous l'influence de causes secondaires, généralement inconnues, qui se modifient de mille manières et vont mourir en se croisant avec d'autres vagues, ou en se brisant sur des récifs.

C'est ainsi que, suivant les hauteurs où l'on se place, l'on peut voir le magnifique spectacle des mers sous des aspects bien différents; c'est ainsi que l'espèce humaine peut également donner lieu aux études les plus diverses. Pour que ces études soient complètes, il faut, après avoir observé les détails, savoir reculer convenablement à toutes les distances, jusqu'à ce qu'on arrive à voir les choses dans leur ensemble et dans leur plus grande généralité.

C'est donc par l'homme considéré comme individu, que doivent commencer nos études. Nous nous placerons ensuite à une hauteur plus grande, d'où, perdant de vue les particularités qui le caractérisent, nous n'apercevions plus que les côtés par lesquels il tient au peuple dont il fait partie. Nous tâcherons de reconnaître, en dernier lieu, quelques-uns des liens qui rattachent les peuples entre eux et constituent l'humanité tout entière.

Chacun de ces trois états a ses lois de développement et ses conditions d'existence. Je ne pense pas qu'il y ait d'étude plus belle et plus noble

que celle qui a pour but de les déterminer. Si
mes efforts ne sont pas couronnés de succès, j'ose
espérer du moins qu'on me saura gré d'avoir at—
tiré l'attention sur un sujet aussi intéressant, et
d'avoir essayé de faire quelques pas sur un terrain
qui, sous bien des rapports, peut être considéré
comme nouveau.

LIVRE PREMIER.

DE L'HOMME.

SECTION PREMIÈRE.

DES QUALITÉS PHYSIQUES.

CHAPITRE PREMIER.

Division de ce premier livre.

Avant d'étudier le système social, il faut connaître les éléments dont il se compose ; c'est donc sur l'homme que doit porter d'abord toute notre attention. La partie de la science qui s'occupe de son organisation et des lois de son développement, est fort étendue : l'homme en effet peut être considéré sous le triple rapport du physique, du moral et de l'intelligence.

L'homme physique a donné lieu à de nombreuses recherches ; et cependant ce qui ap-

partient à cette étude est à peine ébauché.
Nous serons longtemps encore avant de connaître les réactions que les qualités physiques, prises individuellement, exercent les unes sur les
autres et les modifications qu'on peut leur faire
subir.

Quand on considère les lois de développement des qualités morales et intellectuelles, les
difficultés deviennent plus grandes encore ; on
en est même à se demander s'il existe des lois ;
et, en tout cas, si l'observation pourra jamais
réussir à les déterminer.

Ce qui fait obstacle à ce genre d'études, c'est
une crainte exagérée de voir porter atteinte au
libre arbitre de l'homme ; il semble qu'on ré-
duise notre espèce à fonctionner comme un ensemble de machines. Mais qui de nous ignore
que, dans tous nos rapports physiques avec le
monde extérieur, nous obéissons aux mêmes
lois que les corps inanimés ? Notre libre arbitre
souffre-t-il quelque atteinte parce qu'il ne nous
est pas donné de jouir de qualités placées en
dehors de notre sphère ? Est-ce nier son existence que de reconnaître que nous sommes attachés à notre globe par la même loi de gravitation qui y retient les moindres grains de
poussière ? Quand la science nous permet de
vaincre en apparence ces liens mystérieux et

que nous parvenons à nous élever dans les régions supérieures de l'atmosphère, n'est-ce pas
encore sous la condition de ne pas nous soustraire aux lois de la nature? Partout, dans le
monde matériel, nous trouvons des lois à la nécessité desquelles nous devons obéir. Pourquoi
donc aurions-nous le vain orgueil de nous en
croire affranchis dans un ordre de choses plus
élevé, où les moindres écarts ont les conséquences les plus graves?

C'est ici que nous trouvons au contraire une
admirable harmonie qui, tout en laissant à
l'homme sa libre faculté d'agir, l'a cependant
limitée avec tant de sagesse, qu'elle ne peut entraver en rien les lois immuables qui président
à la conservation des mondes comme à celle des
plus simples éléments qui les composent.

Mais je ne veux point anticiper. Je désire
seulement que cet ouvrage ne soit lu sous l'influence d'aucune prévention; je n'ai d'autre but
que de montrer qu'il existe des lois divines, et
des principes de conservation dans un monde
où tant d'autres s'obstinent à ne trouver qu'un
chaos désordonné.

CHAPITRE II.

**Facultés physiques de l'homme. Constantes.
Causes influentes.**

On s'est souvent demandé si, depuis les temps anciens, les facultés physiques de l'homme ont subi des modifications sensibles. En lisant les chants d'Homère, on serait tenté de le croire ; il semblerait en effet que la stature et la force des guerriers étaient plus considérables que de nos jours. Mais les poëmes de l'Arioste et du Tasse nous donnent des idées non moins grandioses des guerriers du moyen âge. Faut-il en conclure, sur la foi des brillantes exagérations de la poésie, que nous valons réellement moins que nos aïeux ? non sans doute ; c'est à des sources plus sûres qu'il faut recourir.

Il nous reste heureusement des monuments des temps passés pour guider nos jugements ; fouillons les tombeaux d'Égypte, les ruines de Babylone, ainsi que les cryptes américaines de l'ancien empire du soleil. Nous pouvons mesurer, en les dépouillant de leur prestige, de vieux ossements et des corps entiers que la science nous a transmis depuis l'antiquité la plus reculée. C'est en consultant ces restes précieux, que nous reconnaîtrons si l'homme, en traversant la suite des siècles, a conservé invariablement sa stature et ses proportions.

Si nous connaissions quelle a été sa taille, de siècle en siècle, nous aurions une série de grandeurs, qui exprimeraient la loi de développement de l'humanité quant à la taille. Cette loi, comme on le comprendra sans peine, est bien différente de la loi de développement de l'individu. Ici, l'on remarque une croissance bien prononcée qui s'arrête à une époque de la vie. De l'autre part, on ne voit rien de semblable : au lieu de croître depuis l'origine des choses, la stature de l'homme semblerait avoir diminué au contraire. Nous ne saisissons du reste dans le développement de l'humanité que la partie de la loi qui appartient aux temps les plus rapprochés de nous. L'on comprendra par les indications qui précèdent, quelle est la distinction que j'établis entre les lois de développement relatives à l'homme et celles relatives à l'humanité ou même à un peuple. Il faut connaître les premières, pour étudier avec succès les secondes.

On conçoit du reste qu'en parlant de l'individu, il ne saurait être question de tel ou tel homme en particulier ; nous devons recourir à l'idée générale qui nous reste après avoir con-

sidéré séparément un grand nombre de personnes.

Les premiers navigateurs qui ont visité les
îles de Sandwich, ont été frappés de la grandeur
et de la beauté des indigènes; mais l'opinion
qu'ils en ont rapportée s'est nécessairement
formée d'après l'ensemble des hommes qu'ils y
ont observés. En venant rendre compte en Europe du résultat de leurs observations, ils n'ont
pas eu égard aux individus plus chétifs ou plus
petits qu'ils avaient remarqués dans le nombre,
ils n'ont parlé que de l'impression générale
qu'ils avaient éprouvée. C'est en effet de cette
manière que l'on peut juger; mais cette méthode d'appréciation, par de simples aperçus,
a nécessairement quelque chose de vague et
d'incertain dont la science ne saurait se con-
tenter.

Dire que les habitants de Sandwich sont
grands, suppose à la fois plusieurs choses :
d'abord un objet n'est grand que par rapport à
un autre de même espèce, que l'on prend pour
terme de comparaison. Ainsi, les habitants de
Sandwich dépassaient en général la taille des
Européens qui les ont visités. Mais quelle était la
taille des Européens? Il y en avait de grands, de
petits, de moyens; on n'entendait pas parler
de tous en même temps, c'était évidemment de

la taille la plus commune, de celle que je nomme moyenne par rapport aux autres.

Mais tel est l'état des choses que, dans aucun temps ni chez aucun peuple, on n'a songé à déterminer la taille moyenne de l'homme, et bien moins encore son poids et les autres éléments mesurables qui le concernent. César nous parle de la taille élevée des Gaulois, qui surpassait de beaucoup celle des Romains; mais il se borne à cette assertion vague. Aujourd'hui même, l'on n'est guère plus avancé quand on veut comparer les peuples sous le rapport de la stature; cependant nous sommes beaucoup moins excusables que les anciens. La théorie des moyennes leur était pour ainsi dire absolument inconnue; nous, au contraire, nous sommes parfaitement familiarisés avec son emploi auquel nous devons en grande partie le perfectionnement des sciences d'observation. Il serait temps enfin de l'introduire aussi dans la science de l'homme et de déterminer les *constantes* qui le caractérisent.

Par constantes, j'entends des valeurs fixes telles que la taille, le poids, la force. Chaque individu a ses constantes particulières qui dépendent de l'âge, du sexe et de diverses autres circonstances. En réunissant les individus d'un même âge et d'un même sexe et en prenant la moyenne de leurs constantes particulières, on obtient des constantes que j'attribue à un être fictif que je nomme l'*homme moyen* chez ce peuple. Si l'on avait, par exemple, les tailles de tous les Français âgés de vingt-cinq ans, et si l'on en prenait la moyenne, la valeur que l'on obtiendrait, serait la taille de l'homme moyen de vingt-cinq ans.

La France est très-étendue, et, par suite, sa population n'est point parfaitement homogène. Le Provençal, l'Alsacien et le Picard, si l'on faisait la distinction des provinces, n'auraient pas la même taille moyenne; cette différence tient surtout à la diversité des origines et des climats.

Le nombre des causes qui peuvent faire varier la taille de l'homme, est plus considérable qu'on ne le croit communément. Le développement en hauteur n'est pas le même pour les habitants des villes et pour les habitants des campagnes, pour les personnes qui vivent dans l'aisance et pour les travailleurs. Ces résultats ont été constatés en France et en Belgique : des recherches semblables ont été faites en Angleterre, et elles y ont pris en même temps un caractère d'utilité publique. Il a été reconnu que les enfants soumis aux travaux des manufactures étaient arrêtés dans leur croissance, et que, par suite, l'homme s'y trouve détérioré dans son espèce. Cet argument a puissamment plaidé en faveur de la réforme que l'humanité réclamait, depuis longtemps, au sujet des travaux pénibles imposés aux jeunes travailleurs.

Ainsi donc, pour nous résumer, la science aurait à rechercher quelles sont les constantes relatives à chacune des qualités physiques de l'homme. Elle aurait, de plus, à faire la part de chacune des causes influentes, et à déterminer les modifications produites par l'âge, le climat, le sexe, la profession. Ce travail peut être long, pénible même, mais il ne saurait soulever des difficultés sérieuses, puisqu'il ne se présente ici rien qui sorte du cercle ordinaire des sciences d'observation, et qu'il ne s'agit en définitive que de constater la grandeur d'éléments auxquels sont immédiatement applicables des mesures matérielles.

Le chapitre suivant nous apprendra toutefois que ces constantes ou moyennes ne sont pas suffisantes pour l'objet que nous nous proposons, et qu'il faut quelques données de plus pour compléter nos notions sur l'homme.

CHAPITRE III.

Loi des causes accidentelles. Ses applications dans ce qui concerne la croissance de l'homme.

Il est une loi générale qui domine notre univers et qui semble destinée à y répandre la vie; elle donne à tout ce qui respire une variété infinie, sans en altérer les principes de conservation. Cette loi, que la science a longtemps méconnue et qui toujours est restée inféconde pour la pratique, je la nommerai la *loi des causes accidentelles*.

Pour s'en faire une idée un peu juste, il faut concevoir que chaque chose est soumise à des fluctuations : l'enfant qui vient de naître est plus ou moins pesant, plus ou moins grand ; ses pulsations sont plus ou moins rapides. Quelles sont les causes qui produisent ces différences? Elles sont purement accidentelles, dira-t-on. Cependant, si l'on se donne la peine d'examiner et de recueillir des observations faites avec soin et suffisamment nombreuses, on trouvera que ce que l'on considérait comme l'effet du hasard, est soumis à des principes fixes, et que rien n'échappe aux lois imposées par la toute-puissance divine aux êtres organisés.

Ce que nous nommons anomalie, ne s'écarte à nos yeux de la loi commune que parce que nous sommes incapables d'embrasser d'un même coup d'œil assez de choses à la fois.

En se plaçant dans des circonstances favorables pour bien observer, on trouve que, chez les êtres organisés, tous les éléments sont sujets à varier autour d'un état moyen, et que les variations qui naissent sous l'influence des causes accidentelles, sont réglées avec tant d'harmonie et de précision, qu'on peut les classer d'avance numériquement et par ordre de grandeurs, dans les limites entre lesquelles elles s'accomplissent. Tout est prévu, tout est réglé : notre ignorance seule nous porte à croire que tout est abandonné au caprice du hasard.

Une partie de cet ouvrage est consacrée à mettre en évidence la loi des causes accidentelles chez l'homme physique comme chez l'homme moral et intellectuel, en le considérant dans son état d'individualité comme dans son état d'agrégation. Nous en prendrons un premier exemple.

La taille moyenne de l'homme est un élément qui n'a rien d'accidentel; elle est le produit de causes fixes qui lui assignent une grandeur déterminée. Il ne faut pas considérer les tailles des hommes comme les hauteurs des édifices d'une ville qui varient selon le goût de l'époque et le caprice de ceux qui les ont construits.

Qu'on mesure les hauteurs de toutes les maisons d'un pays, et qu'on classe ensuite les nombres par ordre de grandeurs, on n'y trouvera aucune succession régulière; mais il n'en sera plus de même quand il s'agira des tailles des habitants de ce pays. Il y a plus : les nombres se présenteront exactement comme s'ils étaient le résultat de mesures prises *sur une seule et même personne*, mais avec des instrumens peu précis qui justifient la grandeur des écarts. S'il n'existe pas de cause constante d'erreur, il arrivera en effet qu'après un grand nombre de mesures, les écarts en plus balanceront les écarts en moins, de telle façon que la moyenne donnera la véritable hauteur qu'on cherchait à déterminer ; on trouvera même que les divers résultats obtenus, étant rangés par ordre de grandeurs, tomberont symétriquement des deux côtés de la moyenne.

Les choses se passent donc, ici, comme si la nature avait un *type* propre au pays et aux circonstances dans lesquelles il se trouve. Les écarts de ce type seraient le produit de causes purement accidentelles qui agiraient avec la même intensité en plus et en moins.

En considérant les choses sous ce point de

vue, et en supposant un nombre d'observations suffisamment grand, l'homme moyen, à chaque âge, se trouverait placé entre deux groupes d'individus également nombreux, les uns plus grands, les autres plus petits que lui. De plus, les groupes se distribueraient de la manière la plus régulière d'après l'ordre des tailles. Les groupes les plus nombreux sont ceux qui s'écartent le moins de la moyenne : à mesure que les écarts deviennent plus forts, les groupes d'hommes qui les présentent sont plus faibles ; et, vers les limites extrêmes, les géants comme les nains sont très-rares ; il ne faut pas néanmoins considérer ces derniers comme des anomalies, ils sont nécessaires pour compléter les séries ascendante et descendante déterminées par la loi des causes accidentelles. Chaque groupe en effet a sa valeur définie. Ainsi, quand les hommes sont confondus dans la société et que leurs grandeurs se mêlent en apparence de la manière la plus capricieuse, il existe entre eux un lien mystérieux qui fait que chaque individu peut être considéré comme la partie nécessaire d'un tout qui nous échappe physiquement et qu'on ne peut saisir qu'avec les yeux de la science.

Ce que je viens de dire, je ne l'avance pas d'après des hypothèses gratuites ; je ne fais qu'énoncer les résultats que m'a donnés l'expérience. J'ai longuement développé dans un autre écrit les recherches que j'ai faites sur ce sujet aussi curieux qu'instructif. J'ai spécialement insisté sur un exemple que j'ai trouvé dans les documents officiels relatifs aux tailles des conscrits français. Le classement par ordre de grandeurs avait été donné pour les tailles reconnues propres au service militaire, et l'on s'était borné à indiquer le total des autres nombres. Or, au moyen des groupes connus, il m'a été possible de calculer *à priori* ceux qui ne l'étaient pas. J'ai été conduit ainsi à constater qu'il se fait une fraude notable dans les réformes pour défaut de taille, fraude dont j'ai pu établir le chiffre.

On conçoit qu'il serait de toute impossibilité de faire un calcul semblable pour une succession de nombres qui ne seraient liés entre eux par aucune loi commune.

D'après ces recherches et celles que j'ai faites sur la Belgique, l'Angleterre et l'Écosse, je me crois fondé à dire qu'il existe bien véritablement un type pour la taille de l'homme. Je puis en citer une nouvelle preuve dans la fixité du chiffre qui représente la taille des conscrits, en passant d'une année à une autre. Ainsi, les hommes d'une levée ont la même taille exactement que ceux de la levée qui précède ou qui suit. Les légères déviations qui ont eu lieu à cet égard, ont presque toujours trouvé une explication naturelle dans le chiffre de certaines années calamiteuses; car il paraît que de telles années laissent profondément leur empreinte dans l'espèce humaine, comme des hivers rigoureux laissent leur trace dans les couches ligneuses des arbres de nos forêts.

Les anomalies passagères ne détruisent en rien la valeur d'une loi; souvent même ce sont les effets de lois différentes qui se combinent ensemble. Quand une pierre tombe dans le vide et que l'on connaît les conditions dans lesquelles elle se trouvait au commencement de sa chute, on calcule facilement, par le principe de la gravitation, toutes les circonstances de son mouvement. Une atmosphère plus ou moins dense peut modifier de mille manières ces circonstances, sans porter atteinte au principe de la gravitation. De même, les professions, les degrés d'aisance, les climats peuvent faire varier le développement de la taille chez les différents peuples. La nature et l'homme contribuent à la fois à produire ces modifications. J'ai distingué ces deux genres d'action par le nom de forces *naturelles* et de forces *perturbatrices*. Les premières ont un caractère de fixité

et de permanence qui n'appartient pas aux secondes. Les dernières agissent comme le feraient des forces accidentelles; elles laissent
une empreinte plus ou moins profonde; puis
elles s'effacent et permettent à la nature dont
elles ont entravé la marche, de rentrer dans
tous ses droits.

Nous venons de voir que, pour l'homme
adulte, la hauteur se trouve déterminée d'une
manière fixe et que les variations qu'on remarque, sont également réglées par une loi de la nature. Ajoutons encore qu'il existe, pour chaque
âge, une taille moyenne déterminée dans l'un
et dans l'autre sexe, ainsi que des limites entre lesquelles varient les nombres individuels.

En ne considérant que la taille moyenne de
chaque âge, la succession des nombres constitue *la loi de croissance,* dont les effets peuvent
cependant être modifiés par différentes causes.
Considéré comme individu, l'homme naît ayant
un peu moins du tiers et un peu plus du quart
de la hauteur à laquelle il doit atteindre un
jour. Sa croissance, d'abord très-rapide, devient
uniforme ensuite jusqu'à l'âge de quinze à seize
ans ; puis elle se ralentit et cesse entre vingt et
vingt-cinq ans. On peut dire que la croissance
de l'enfant, même depuis le troisième mois qui
précède sa naissance, jusqu'au développement

complet, suit une loi de continuité telle que les accroissements diminuent successivement avec l'âge.

La loi de croissance ne peut se vérifier que lorsqu'on opère sur un grand nombre d'hommes, et qu'on parvient à éliminer les effets de toutes les causes accidentelles. Il n'existe peut-être pas un seul homme au monde dont la croissance ait été parfaitement régulière et conforme à la croissance déduite des résultats généraux.

M. le pasteur J. W. H. Lehmann, de Potsdam, a présenté à ce sujet des remarques fort judicieuses (1) ; il a exprimé la crainte que, dans certains cas, en généralisant trop, on ne perdît de vue les particularités qui, bien qu'individuelles, peuvent cependant tenir également à une loi générale. Par exemple, vers l'âge de puberté, la croissance, après avoir été arrêtée, se développe quelquefois avec une rapidité extraordinaire : la loi de continuité semble être rompue par une espèce de saccade. Ce phénomène plus ou moins prononcé, pourrait être général, sans qu'on en remarquât les effets dans les moyennes. Ainsi, chez un jeune homme, l'accroissement en hauteur a été arrêté à l'âge

______

(1) *Jahrbuch herausgegeben von H. C. Schumacher.* Annuaires pour 1841 et 1843.

de quatorze ans ; puis, par un changement brusque, il est devenu extrêmement prononcé à l'âge de quinze ans, pour s'arrêter encore deux ans après. Chez un second jeune homme, l'accroissement en hauteur a été stationnaire vers l'âge de quinze ans, et il s'est prononcé à l'âge de seize à dix-sept ans, en sorte que les deux saccades qui se sont opérées à peu près de la même manière, mais à des époques différentes, pourraient réellement exister en vertu d'une loi générale, et cependant leurs effets se seraient entre-détruits et ne laisseraient aucunes traces dans la loi générale déduite des moyennes.

Les changements brusques qui surviennent aux époques critiques de la vie de l'homme, peuvent être considérés comme des espèces de maladies qui bien souvent sont les résultats de notre manière de vivre, de nos habitudes presque toujours en opposition avec ce que veut la nature. La croissance de l'homme procéderait avec plus de régularité, si la nature était moins contrariée dans sa marche. Il faut aller dans les pays chauds, voir les formes de l'homme et de la femme se développer sans connaître la gêne des vêtements qui les emprisonnent et les altèrent, pour juger des lois de la croissance. Les voyageurs sont unanimes sur ce point ; c'est parmi les créoles que l'on trouve en général les formes les plus belles : cette classe, en effet, ne porte pas les traces d'un travail qui détériore les classes inférieures, ni des entraves dans lesquelles on captive le corps chez les classes les plus élevées.

La nature ne procède pas par mouvements brusques, et si notre civilisation nous les fait connaître, c'est qu'ils sont certainement son ouvrage. Les accouchements quelquefois si laborieux dans nos villes, si funestes aux mères ainsi qu'aux enfants, produisent rarement des accidents dans les familles qui se rapprochent le plus de la nature. La femme du sauvage, à peine délivrée de l'enfantement, court se plonger dans l'eau d'un fleuve.

Tout en reconnaissant ces altérations brusques, signalées par M. Lehmann, je ne puis les regarder que comme un produit plus ou moins marqué de notre civilisation, mais qui, par la manière irrégulière dont il se présente, ne trouble pas même la marche de la nature. Il ne mérite pas moins d'être constaté.

Le genre de nourriture de l'homme et les lieux qu'il habite ont aussi une influence sensible sur sa croissance. Il est connu que, dans le midi, l'âge de puberté se déclare plus tôt que dans le nord ; de là résulte sans doute que la croissance s'y trouve plus tôt arrêtée et que l'homme y atteint une taille moins élevée que dans les régions septentrionales.

Chez la femme aussi, la puberté et la fin de la croissance sont plus précoces que chez l'homme ; la courbe qui indique son développement en hauteur s'arrête plus tôt et reste toujours au-dessous de celle qui se rapporte à l'autre sexe.

Ainsi donc, à l'instant même où l'homme entre dans la vie, sa taille se trouve fixée par la nature ; les variations qu'on remarque sont purement accidentelles ; et, en les groupant par ordre de grandeurs, elles obéissent également à une loi. Tout a été combiné avec une harmonie telle, que les anomalies mêmes n'existent qu'en apparence et qu'elles procèdent avec la même régularité que les lois dont elles déguisent la marche.

Le même ordre, la même symétrie continuent à subsister à chaque âge. En Belgique, l'homme moyen à l'époque de son entier développement atteint une hauteur de $1^m,684$, et la femme de $1^m,579$. Mais nous avons déjà vu que ces constantes ne suffisent pas pour déterminer complétement ce qui se rapporte à la connaissance de la taille, il est nécessaire de savoir encore les *limites* entre lesquelles les tailles peuvent varier. Quand on connaît ces trois éléments: la taille moyenne et les tailles maximum et minimum, la loi des *variations accidentelles* donne les moyens de calculer comment la population se fractionne par ordre de grandeurs. Cette loi est d'autant plus importante qu'elle présente toute la généralité possible; on la retrouve dans ce qui se rapporte au poids, à la force et à toutes les qualités physiques de l'homme. De sorte qu'on peut calculer *à priori*, quand on connaît la moyenne et les deux termes limites, comment une population se fractionne sous le rapport des hommes qui ont tel poids ou telle force déterminée.

Il n'est pas prouvé que la taille de l'homme moyen, dans un même pays et chez un même peuple, reste constamment la même : elle peut, au contraire, sous l'influence de différentes causes, augmenter ou diminuer. Si on la déterminait avec soin de siècle en siècle, ou même à des intervalles plus rapprochés, on aurait une série de nombres aussi curieux qu'utiles à consulter.

La loi de croissance peut en effet être considérée sous trois points de vue bien distincts. On peut rapporter l'accroissement de la taille à l'individu, au peuple dont il fait partie, ou bien à l'espèce humaine tout entière.

Par rapport à un peuple, c'est l'homme moyen entièrement formé qu'il faut plus particulièrement considérer; c'est lui qui exerce de l'influence chez ce peuple, c'est lui qui en mesure en quelque sorte la valeur physique. Si cet élément était constaté d'année en année, et si l'on supposait placés en ligne droite, selon la succession des temps, les hommes moyens déterminés de cette manière, on pourrait concevoir une ligne rasant le sommet de leurs têtes; cette ligne indiquerait par ses inflexions le développement moyen de la taille chez ce peuple. Elle serait droite et horizontale, si la taille moyenne était restée invariablement la même; elle se relèverait si la taille moyenne avait été en croissant; dans le cas contraire, elle s'abaisserait.

On a cru remarquer que les années calamiteuses laissent des traces durables de leur passage, en arrêtant la croissance aux époques de la vie où le développement du corps se fait avec le plus d'activité; ainsi, certaines générations atteindraient un moindre degré de hauteur que d'autres; mais ces résultats, très-probables d'ailleurs, ont été plutôt soupçonnés que démontrés par l'expérience.

Au lieu de suivre la série des temps, et d'observer l'homme de siècle en siècle chez un même peuple, on pourrait avoir égard à l'espace, et comparer, pour une même époque, l'homme moyen d'un pays à celui d'un autre.

Sous ce nouveau point de vue, l'homme moyen, pris pour les différentes régions de la terre, pourrait être considéré comme un simple individu; et la moyenne de toutes les tailles particulières, formerait la taille type de l'homme dans sa plus large acception.

C'est en suivant les modifications que cette dernière taille aurait pu subir dans la suite des siècles, qu'on aurait la loi de développement de l'humanité sous le rapport de la croissance.

CHAPITRE IV.

**Harmonie des proportions du corps de l'homme; fixi
de ces proportions.**

Je me suis souvent étonné de ce que, dans
les familles, on ne conservât pas avec plus de
soin l'indication des faits qui concernent chacun
de ses membres. Je voudrais voir, jusque dans
les moindres habitations, des livres où serait
inscrit tout ce qui peut devenir une cause de
joie ou de peine, tout ce qui peut exercer quelque influence sur l'avenir. Avec quelle émotion
ne retrouverions-nous pas des souvenirs de
toute espèce, qui disposeraient l'âme à la bienveillance et contribueraient à nous rendre meil-
leurs ! Quel fils ne verrait avec attendrisse-
ment la page où la main d'un père a signalé son
entrée dans la vie, celle qu'il a mouillée lui-
même de ses larmes, en y inscrivant le jour et
l'heure où la mort l'a séparé de ce père ten-
drement aimé ! Ces pages qui résumeraient rapidement les annales de la famille, nous porte-
raient souvent à méditer sur nous-mêmes et
nous familiariseraient avec des idées que nous
perdons trop souvent de vue.

Aux dates des principaux événements qui concernent la famille, on réunirait des indications sur les principales phases par lesquelles nous passons, nous et les nôtres.

Ainsi je voudrais voir recueillir des renseignements sur la croissance des enfants. Ces renseignements ne sont pas seulement un objet de curiosité; ils deviennent encore utiles dans une foule de circonstances. Ils nous apprennent si la croissance se trouve arrêtée, ou bien si elle s'est développée avec trop de précipitation, et nous avertissent qu'il est des précautions à prendre.

Qui pourrait d'ailleurs condamner ce plaisir innocent? Celui qui aime les plantes, suit d'un œil satisfait leurs moindres développements, épie avec constance ce qui peut influer sur leur croissance, les disposer à se parer de fleurs ou à produire des fruits utiles. Descendrions-nous à des détails trop bas, en donnant de pareils soins à nos enfants?

Buffon rapporte, dans ses écrits, que Gueneau de Montbeillard s'était donné le plaisir de suivre la croissance de son fils depuis sa naissance jusqu'à son entier développement: il nous a conservé les mesures recueillies par son savant collaborateur, et il exprime le désir de voir imiter un pareil exemple.

L'une des gloires de l'Allemagne, le célèbre Sömmering, s'occupait également, vers la fin de ses jours, de recueillir des mesures semblables sur le degré de croissance de ses petits-fils ; j'en conserve soigneusement les résultats qu'il a bien voulu me transcrire de sa main.

Si je ne craignais d'être indiscret, je pourrais joindre un illustre exemple à ceux que je viens de citer, je le trouverais à Windsor même. L'auguste prince qui a daigné prendre ce livre sous son patronage, n'a pas voulu, dans sa sollicitude paternelle, laisser à d'autres mains le soin de constater le développement de ses enfants, de ces jeunes plantes royales que la vieille Angleterre voit croître avec tant d'orgueil et dans lesquelles elle a placé toutes ses espérances.

La science est plus exigeante encore que la tendresse d'un père, la science du moins telle que je la conçois, celle qui a pour objet de faire connaître les lois du développement physique de l'homme. Elle ne se bornera pas à constater la taille aux différents âges de la vie, elle voudra suivre encore les proportions relatives des différentes parties du corps. Cette étude est intéressante sous plus d'un rapport ; elle n'appartient pas seulement à l'anthropologie, elle prête encore aux beaux arts le plus heureux appui. Les anciens s'en étaient occupés d'une manière spéciale ; et les chefs-d'œuvre qu'ils ont produits, dans la statuaire surtout, le prouvent avec évidence. On peut en dire autant des artistes de la renaissance, les Giotto, les Léon Baptista Alberti, les Michel-Ange, les Albert Durer. L'habile directeur de l'Académie des beaux-arts de Berlin, le professeur Shadow, qui, chez les modernes, a étudié avec le plus de soin les proportions de l'homme, me faisait remarquer, dans une de ses lettres, que Raphaël a reconnu, le premier, que l'œil de l'enfant de cinq ans a déjà reçu presque son entier développement. Comment cette observation si simple n'a-t-elle frappé ni les artistes ses contemporains ni ceux qui l'avaient précédé?

Il existe entre les différentes parties du corps une harmonie et des convenances que l'œil saisit mieux que le raisonnement. Cette harmonie a fait depuis longtemps l'objet de mes études spéciales, du moins dans les courts instants de loisir que me laissaient mes autres travaux. J'espère pouvoir publier un jour les résultats que j'ai réunis et les comparer à ceux qui ont été obtenus chez les anciens et chez les modernes. Si je ne me fais illusion, ces rapprochements ne seront pas sans intérêt pour l'histoire des arts.

Je ne me suis pas borné à étudier l'homme entièrement développé; je l'ai suivi pour ainsi dire pas à pas depuis sa naissance. J'ai voulu baser tous mes rapports sur des observations recueillies avec le plus grand soin. La plupart des artistes qui ont entrepris un semblable travail, ont établi leurs proportions d'après des individus isolés qu'ils jugeaient les plus régulièrement construits, et qu'ils ne prenaient d'ailleurs qu'à certains âges.

Fidèle au principe que je m'étais imposé, j'ai voulu tracer le développement complet de l'homme moyen; mais je fus effrayé d'abord d'une pareille entreprise. Pour détruire en effet ce qu'il y avait d'accidentel, il semblait qu'il fallût des mesures innombrables; et pourtant, il n'en est pas ainsi. L'un des principaux résultats auxquels je suis parvenu, a singulièrement simplifié mes recherches.

Les proportions de l'homme sont tellement fixes, à quelque âge qu'on le prenne, qu'il suffit d'avoir observé un petit nombre d'individus, pour que la moyenne en donne le type. La grande variété que nous distinguons parmi les hommes tient plutôt à la finesse de notre coup d'œil, qu'à une différence bien marquée dans les proportions. La mobilité des traits, l'élégance des formes, le plus ou le moins de grâce dans la tenue, le plus ou

le moins d'embonpoint, la fraîcheur et l'éclat
du teint produisent quelquefois les disparités
les plus frappantes, tandis que les proportions
sont à peine altérées. C'est si vrai qu'une même
personne dessinée par vingt artistes donnera
lieu à des portraits extrêmement dissemblables, non-seulement à cause de la diversité des
talents, mais encore à cause de l'appréciation
différente que chaque artiste fera des traits
qu'il reproduit.

L'exemple suivant pourra donner la preuve
de ce que j'avance. Dans mes premières recherches sur les proportions du corps humain, j'ai
mesuré trente hommes de l'âge de vingt ans ; je
les ai distribués ensuite en trois groupes, com-
prenant chacun dix hommes. Dans cette sépa-
ration, je n'ai eu égard qu'à une seule condition, celle d'avoir la même taille moyenne pour
chaque groupe, afin de rendre les autres résultats plus facilement comparables, sans avoir à
faire des calculs de réduction. Ainsi la taille
moyenne était la même pour le premier, le second et le troisième groupe ; mais quel fut
mon étonnement en trouvant que l'homme
moyen, représentant chacun de mes trois groupes, n'était pas seulement le même pour la hauteur, mais encore pour chacune des parties du
corps ? La similitude était telle, qu'une même

personne mesurée trois fois de suite, aurait présenté des différences plus sensibles dans les mesures que celles que je trouvais entre mes trois
`moyennes.

Jugeant cette épreuve insuffisante, je l'ai répétée sur trois goupes de personnes âgées de
vingt-cinq ans, et j'ai obtenu les mêmes résultats, qui se sont confirmés, depuis, par de nouvelles épreuves.

Cette remarque curieuse m'a permis de sim-
plifier mon travail, en réduisant de beaucoup
le nombre des mesures qui m'étaient nécessaires.

Je suis parvenu plus tard à obtenir une nouvelle preuve de la fixité des proportions, en mesurant l'homme d'année en année, depuis sa
naissance. J'ai pu reconnaître l'accroissement
successif des différentes parties du corps, même
en n'opérant que sur un petit nombre d'individus : or, si les proportions étaient réellement
sujettes à de grandes fluctuations, dix individus mesurés ne suffiraient pas pour faire disparaître ce qu'il y a d'accidentel. Il serait impossible d'avoir une continuité dans les nombres
représentant le dóvoloppcment d'une même
partie du corps. Chez l'enfant de dix ans, par
exemple, la main pourrait être plus grande
que chez l'enfant de neuf ans. Cette anomalie

se remarquera en comparant deux individus entre eux ; mais elle devient à peu près
impossible en comparant les moyennes prises
sur dix.

Ceci peut servir de réponse à une objection
qui m'a été faite dans un ouvrage remarquable, publié récemment sur la théorie des probabilités. « Si l'on mesurait, dit l'auteur, sur
plusieurs animaux de la même espèce, les di-
mensions des divers organes, il pourrait arriver,
et il arriverait vraisemblablement, que les valeurs moyennes seraient incompatibles entre
elles et avec les conditions pour la viabilité de
l'espèce. » Or, l'expérience, comme je viens de
le dire, m'a prouvé le contraire.

Une preuve frappante de la sagesse des lois
du Créateur et de la fixité de son type dans l'espèce humaine, c'est que, dans les écarts de la
moyenne, *les parties les moins sujettes à varier,
sont précisément les plus essentielles.* Ainsi, la tête
s'écarte bien moins du module de la nature que
toutes les autres parties du corps : aussi paraît-
elle trop grosse chez les nains, trop petite chez
les géants ; et cette particularité ne se remarque pas seulement chez l'homme adulte, mais
encore dès la naissance.

L'enfant, en entrant dans la vie, a déjà la tête
plus développée qu'aucune autre partie de son

corps; c'est l'élément qui varie le moins pendant la croissance; et quand l'homme est entièrement formé, c'est encore la partie qui varie entre les limites les plus étroites.

Les jambes et les bras au contraire, qui ne sont pas absolument essentiels à la vie, peuvent varier dans des limites très-larges. C'est plus particulièrement par les proportions de ces membres que les géants et les nains se distinguent des autres hommes.

La même loi des causes accidentelles qui préside au développement de la taille et du poids, règle également le développement de chacune des parties du corps humain. Les variations, autour du type moyen, propre à chaque âge et à chaque sexe, se font d'après les mêmes principes; seulement, elles ont lieu dans des limites d'autant plus resserrées, que les parties sont plus essentielles à l'existence.

Je ferai remarquer dès à présent deux principes que j'ai essayé d'établir dans mon premier ouvrage sur la physique sociale, et que nous aurons souvent occasion de voir se confirmer par la suite : c'est que l'homme moyen, type de notre espèce, est aussi le type de la beauté; et, d'une autre part, que les limites se resserrent d'autant plus chez un peuple, qu'il se rapproche davantage de la perfection.

Je sais que la première proposition n'a pas été favorablement accueillie par ceux qui n'admettent dans l'esthétique que des formes idéales innées. Cependant ces propositions ne s'excluent pas ; tout au contraire, le Créateur, en formant son type, a dû le graver en nous et nous en donner le sentiment intime.

Que la cause soit innée ou qu'elle ne soit qu'un effet de l'habitude, nous avons tellement le sentiment des proportions du corps humain, sans même en avoir fait d'étude préalable, que la vue d'une statuette nous fait comprendre d'abord, pourvu que l'artiste soit resté fidèle aux lois de la nature, s'il a voulu représenter un géant, un nain, ou un homme de taille ordinaire ; s'il a voulu le faire vigoureux ou faible. Il faut donc que les caractères soient bien marqués, pour qu'on puisse les saisir aussi facilement ; et l'on aurait grand tort de refuser à la science de chercher à dire, d'une manière précise, ce que l'on conçoit si nettement.

Notre tact sous ce rapport est extrêmement délicat, surtout si nous avons quelque habitude de l'observation. Des bras un peu plus longs que la grandeur moyenne, se distinguent d'abord par un défaut d'harmonie : on s'aperçoit d'un écart qui est d'un vingtième de la moyenne et

quelquefois plus faible encore. Un écart d'un
dixième serait véritablement choquant.

Un homme dont les extrémités des mains
descendraient plus bas que les genoux, excite-
rait la curiosité générale. Si cependant, sans
avoir une idée de ce qui se passe chez les hommes que nous voyons habituellement, nous nous
trouvions dans une île éloignée, ayant toujours
vécu parmi des hommes dont les bras descen-
dissent au-dessous des genoux, nous finirions
par regarder ces proportions comme normales ;
et je me trompe fort, ou bien nous les regar-
derions comme très-belles. L'exemple des peuples étrangers nous prouve que, quand ils ont
voulu donner une idée de la beauté, ils n'ont
pas consulté un type idéal qui aurait été le
même pour le Grec, le Français, le Chinois, ou
le nègre, mais un type assorti à chacune de ces
nations. Quoique nos regards se reportent toujours vers les formes antiques, cependant les
Italiens, les Français, les Anglais, tous de la
même race, donnent à leur type du beau, des
nuances particulières qui caractérisent ces peuples. Je serais donc moins disposé à pencher
vers des idées innées au sujet du beau, que vers
des conceptions qui nous sont acquises par l'habitude.

CHAPITRE V.

Poids de l'homme. Loi de son développement comparée à celle de la croissance.

Chaque peuple a son type particulier; quand nous disons que les Français sont moins grands que les Anglais ou que les Russes, notre assertion n'est vraie que d'une manière générale, et en concevant des comparaisons établies entre les moyennes.

La conception des moyennes existe en dehors de la science qui ne fait que lui donner plus de précision; pour être complète, elle exige la considération des limites. Toutefois la moyenne et les deux limites entre lesquelles se trouvent resserrées toutes les valeurs individuelles, n'ont point ce vague que le vulgaire leur attribue; ce sont, comme nous l'avons vu, des quantités bien déterminées et que l'observation peut faire reconnaître avec la plus grande exactitude.

Si l'on a égard, chez un même peuple, au poids des hommes, il existe également un type qu'une appréciation vague nous permet d'établir, mais que la science seule peut déterminer d'une manière précise : l'homme de taille moyenne a un certain poids ; les hommes plus grands ou plus petits ne lui sont pas semblables, dans le sens géométrique de ce mot ; il faudrait pour cela que les poids fussent comme les cubes des hauteurs. Or, l'homme très-grand pèse généralement moins que sa taille ne le comporterait ; tandis que l'homme très-petit pèse davantage.

Les limites sont donc moins larges pour les poids qu'elles ne devraient l'être, si les hommes étaient semblables ; et les individus, dans l'espèce humaine, ne peuvent être assimilés à ce que sont, en géométrie, des pyramides ou des cylindres semblables. Le géant suédois qui servait dans les gardes du corps de Frédéric le Grand, mesurait au delà de 2^m, 52 ; tandis que le nain dont parle Birch, n'avait pas 0^m, 44. Or, en supposant une exacte similitude entre ces deux individus formant pour ainsi dire les limites des grandeurs dans notre espèce, les poids auraient été dans le rapport de 188 à 1. Certainement une disproportion semblable n'a jamais pu exister entre deux hommes.

L'accroissement en hauteur se fait en général aux dépens de l'accroissement en largeur. Les hommes très-grands ont rarement une grosseur en rapport avec leur taille. Le contraire a lieu pour les hommes très-petits ; l'embonpoint prédomine chez eux. Un géant qui serait proportionnellement musclé comme un nain, serait d'une difformité effrayante. La nature n'a pas voulu que ses limites fussent trop larges et que l'homme s'écartât avec excès du type qu'elle a créé.

Buffon admettait que les poids doivent être comme les cubes des hauteurs, pour que la grosseur du corps et celle des membres soient dans les proportions d'un homme bien fait : c'est du moins ce qui résulte du poids qu'il assigne aux hommes de six, de sept ou de huit pieds de haut. Il y a lieu de croire que le célèbre naturaliste n'avait point fait d'expériences directes, et qu'il se bornait à énoncer un résultat de la théorie, en supposant les hommes semblables entre eux dans le sens géométrique. D'après des recherches nombreuses que j'ai entreprises sur la corrélation entre les tailles et les poids des hommes adultes, j'ai cru pouvoir conclure que les poids sont simplement comme les carrés des hauteurs. Encore, en s'écartant de la moyenne, attribuerait-on un poids trop fort peut-être aux hommes les plus grands. Le géant du roi de Prusse aurait pesé 33 fois autant que le nain dont il a été parlé plus haut.

Parmi les hommes d'une grosseur extraordi-

naire, Buffon cite un Anglais qui mourut en 1775
et qui pesait 649 livres. Le même savant parle
d'un nain qui, à l'âge de sept ans, pesait 19 livres ; et qui, plus tard, « accablé de tous les accidents de la vieillesse, » n'en pesait plus que 13.
Ces deux poids qu'on peut regarder comme des
extrêmes, même très-exagérés, sont dans le
rapport de 50 à 1. En supposant le poids du
nain de 19 livres, on aurait exactement le rapport 33 à 1, qu'on pourrait considérer comme
exprimant les limites relatives du poids que
peut acquérir le corps humain. Les limites sont
bien moins larges pour la taille ; car elles ne
sont pas même comme 6 à 1.

Quand il s'agit des petits enfants, la corrélation entre les poids et les tailles se présente
d'une manière un peu différente : les poids
croissent plus rapidement que les carrés des
hauteurs. Il n'existe point, pendant la croissance, une même relation entre les développements de la taille et ceux du poids.

L'homme a donc, à chaque âge, un poids déterminé et des limites que ce poids ne dépasse
point. Ces limites sont numériquement beaucoup plus larges que celles assignées à sa taille.

Mais il se présente ici une circonstance remarquable, c'est que les termes limites sont
inégalement éloignés de la moyenne. Ainsi, en

admettant les limites les plus larges que nous connaissions, nous aurons, d'une part, 649 livres, et de l'autre 13 seulement. La moyenne du poids de l'homme peut être estimée à 140 livres; il en résulterait donc que l'Anglais qui pesait 649 livres, dépassait la moyenne de 509 livres; et que le nain qui n'en pesait que 13, ne tombait au-dessous de la moyenne que de 127 livres. Ce dernier écart ne forme que la quatrième partie du précédent. Cet indice seul nous prouve que les hommes, quant à leur poids, ne se distribuent pas autour de la moyenne d'une manière symétrique, comme quand il s'agit des tailles. On aurait tort de croire cependant qu'il n'existe plus de loi qui en règle la distribution.

La courbe qui indique la manière dont la population se trouverait groupée quant aux poids, n'aurait plus la symétrie de celle qui se rapporte aux tailles, mais elle serait encore régulière et se calculerait d'après les mêmes principes. Les groupes se trouveraient encore distribués d'après la loi des variations accidentelles, mais en admettant deux limites inégalement distantes de la moyenne, et prises dans le rapport de 4 à 1.

L'homme moyen pour le poids compterait probablement autant d'hommes plus pesants que lui, que d'autres qui le seraient moins. Il

existe bien peu d'expériences à cet égard; cependant celles que j'ai pu recueillir, tendent à
confirmer ce qu'indique la théorie. L'homme
moyen serait donc à la fois un type pour la
taille et pour le poids.

J'attache un grand prix à cette observation
que nous verrons successivement se générali-
ser, parce qu'elle donne la preuve la plus directe que, non-seulement l'homme moyen n'est
pas impossible, comme on avait paru le craindre, mais qu'il est nécessaire. Cette démonstra-
tion *à priori* qu'il existe un type ou *module* de
l'homme, me semble très-importante pour l'objet qui nous occupe; elle donne à la théorie de
l'homme des bases fixes qui lui manquaient.

CHAPITRE VI.

Pulsations, inspirations, vitesse de marche, etc. Rapports de ces éléments.

Je conçois qu'un jour on aura des traités ethnographiques dans lesquels figureront les différents peuples de la terre avec les indications précises des éléments qui, chez eux, caractérisent l'homme moyen. On y verra quels sont, pour chaque pays, sa taille, son poids, sa force, sa vitesse, l'accélération de son pouls et tout ce qui, dans sa personne, est susceptible de mesure.

Ces éléments ne seront pas donnés seulement pour l'homme développé, mais encore pour chaque âge de la vie, et toujours avec les limites entre lesquelles ils peuvent varier.

Nous sommes loin encore d'approcher d'un pareil état de choses. J'avais cru pendant long-temps, en voyant l'attention avec laquelle les médecins consultent le pouls de leurs malades, qu'ils en connaissaient au moins l'état normal. Mais quel n'a pas été mon étonnement, en voulant vérifier par moi-même la fréquence du pouls chez les vieillards et chez les jeunes gens, de trouver des résultats tout opposés à ceux qu'indiquaient les traités de physiologie? Je crus que je m'étais trompé; et ce n'est qu'après bien des hésitations et des observations répétées, que je me suis hasardé à dire que les traités ordinaires contenaient à cet égard une erreur (1). Vers la même époque, deux médecins français, MM. Leuret et Mitivié, constataient le même fait, et prouvaient qu'on avait eu tort, en effet, d'avancer que le pouls devient moins fréquent dans la vieillesse. C'est encore un exemple remarquable de l'emploi des moyennes et de l'utilité des méthodes de calcul dans la science de l'homme.

Deux professeurs distingués de la faculté de Strasbourg, MM. Rameau et Sarrus ont fait, de leur côté, une remarque intéressante, au sujet de la fréquence du pouls. En comparant les observations que j'ai publiées et celles qu'ils ont recueillies par eux-mêmes, ils ont montré qu'il existe une relation entre la taille et le nombre des pulsations de l'homme. L'âge n'exercerait d'influence qu'en modifiant la taille qui serait le véritable élément régulateur.

Le nombre des pulsations serait en raison inverse de la racine carrée de la taille. MM. Rameau et Sarrus, en adoptant $1^m,684$ pour la

______

(1) *Physique sociale*, tome II, p. 80 et suiv.

taille de l'homme moyen, fixent le nombre des pulsations à 70. Avec ces données, on peut calculer le nombre des pulsations pour une taille quelconque.

Il faudrait des observations plus nombreuses que celles que nous avons, pour admettre ce principe sans restriction. Je doute, par exemple, que les hommes les plus petits, ceux dont la taille ne dépasse pas la taille moyenne des enfants de dix à onze ans, ayent le pouls réglé comme il l'est à ce dernier âge.

L'accélération du pouls est un des éléments qui, chez l'homme, varient dans les limites les plus étroites ; cependant, si le principe énoncé précédemment était exact, la circulation du sang chez le nain serait deux fois et demie aussi rapide que chez le géant, en supposant que les limites extrêmes des tailles fussent dans le rapport de 1 à 6.

On ne saurait méconnaître qu'il existe des rapports bien déterminés entre les différentes qualités physiques de l'homme ; mais ces rapports restent encore à étudier, et il n'est guère possible que de les indiquer dans un premier essai sur la physique sociale. Quoi qu'il en soit, on peut admettre, sans trop s'écarter de la vérité, que le nombre des pulsations, immédiatement après la naissance, est à peu près double de ce

qu'il est vers l'âge de vingt-cinq ans, époque de
la vie où sa valeur présente un minimum. J'ai
trouvé qu'à cette dernière époque le nombre des
pulsations est de 69, 6 environ par minute en
valeur moyenne; au moment de la naissance, ce
nombre peut être estimé à 135 ou 136 pour les
garçons comme pour les filles. La différence des
sexes ne paraît pas exercer d'influence sur cet élément de notre organisation; il n'en est pas de
même du sommeil, ni de l'état de veille, ni surtout des orages qui agitent nos facultés morales.

Les inspirations paraissent suivre exactement
les mêmes phases que les pulsations et conserver avec elles un rapport constant qui chez
bien des individus, chez les adultes surtout,
peut être considéré comme étant de 1 à 4; en
sorte que, pour l'homme entièrement développé,
il faudrait compter 17,4 inspirations par minute; ce qu'on observe en effet.

Bien que la marche de l'homme varie dans des
limites très-larges, cependant elle ne semble pas
être sans relations avec l'accélération du pouls.
Quand le pas est très-lent, sa durée paraît être
égale à celle d'une pulsation; la durée est double, quand le pas est très rapide. Ces limites,
70 et 140, sont un peu plus larges que celles
qu'on donne au pas du fantassin; on estime en
effet que le soldat français fait par minute 76

pas ordinaires et 125 *pas de charge* (1). Les limites sont plus resserrées en Belgique : l'école du peloton porte à 86 le nombre des pas ordinaires par minute, à 100 celui des pas accélérés, et à 120 celui des pas de charge.

J'ai fait quelques expériences sur moi-même; et j'ai trouvé qu'en me promenant avec lenteur, je faisais à peu près 72 pas par minute ; j'ai reconnu que mon pouls, pendant cet intervalle, avait exécuté le même nombre de battements. Il y avait donc synchronisme entre ma marche et la circulation de mon sang. En accélérant ma marche, je faisais 120 pas par minute ; ce nombre est au précédent comme 5 est à 3.

Il est à remarquer que, d'après les indications généralement données par le métronome, le mouvement de la valse, quand elle est lente, comporte également 72 temps par minute ; mais on accélère ordinairement ce mouvement, et il ne se met que mieux en harmonie avec les pulsations du valseur qui s'accélèrent aussi par l'animation de la danse. Au reste, on n'éprouve point de malaise appréciable, en variant sa marche de différentes manières. On peut faire les mêmes observations à l'égard de la musique ;

---

(1) M. le baron Ch. Dupin, Géométrie et mécanique, et Arts et métiers, tome III, p. 75. 1826.

il est cependant des mouvements qui semblent convenir mieux à notre organisation.

S'il existe des rapports simples entre les pulsations, les inspirations et les différents mouvements qu'on exécute, il sera difficile de les découvrir, car les pulsations et les inspirations n'ont rien de bien déterminé, sinon une tendance à se mettre à l'unisson avec tout ce qui présente à peu près la même périodicité de marche. J'ai été plus d'une fois dans le cas de me livrer à de semblables remarques. Ainsi, il y a peu de temps encore, je me promenais pendant une nuit calme sur le bord de la mer; je n'entendais que le bruissement des vagues auquel se mêlait un bruit monotone et périodiquement répété, qui partait d'une barque peu éloignée de la côte. J'eus l'idée d'examiner les battements de mon pouls, et je trouvai qu'ils étaient absolument à l'unisson avec les battements lointains des rames. La circulation de mon sang était-elle restée la même, ou bien s'était-elle réglée sur le mouvement périodique qui fixait mon attention? Quoi qu'il en soit, mon pouls s'écartait fort peu de son état normal, et devait battre très-probablement comme celui des rameurs qui manœuvraient la barque.

Il est à regretter que nous n'ayons pas d'observations continuées avec soin sur les ouvriers dont le travail présente une certaine périodicité dans l'exercice des membres, sur les forgerons par exemple, les scieurs, les cordonniers, les tailleurs; elles pourraient donner lieu à des résultats intéressants. Nous ne connaissons presque rien sur ce sujet d'études, qu'on semble, de nos jours encore, avoir écarté avec un dédain peu philosophique. Il avait mérité cependant de fixer l'attention d'un des plus grands penseurs de l'antiquité : Pythagore, dit-on, s'arrêtait parfois pour écouter les coups cadencés que frappaient les forgerons et se livrer à ses méditations sur l'harmonie des nombres et les rapports de convenance qu'il supposait exister entre les divers phénomènes de la nature.

CHAPITRE VII.

De la portée des sens. Des choses surnaturelles.

L'homme est physiquement très-borné. Plongé au fond d'une mer immense que l'on nomme atmosphère, il ne lui est pas donné de se détacher de la surface de notre globe, moins favorisé en cela que les oiseaux, dont quelques-uns s'élèvent à des hauteurs considérables, ou que les poissons qui, dans les eaux, s'abaissent à différentes profondeurs. Il n'a pas même l'avantage de la vitesse pour se dédommager de l'assujettissement où il se trouve.

Si l'on considère les sens de l'homme, on trouve que leurs limites sont extrêmement resserrées. Le rayon de la sphère dans laquelle s'exerce l'odorat, est à peu près nul ; le goût et le toucher exigent le contact immédiat ; l'ouïe étend son influence à des distances assez grandes ; cependant les limites les plus larges entre lesquelles les sons se transmettent, ne peuvent guère être portées à plus de vingt à vingt-cinq lieues ; encore serait-ce plutôt la terre ou l'eau qui devrait servir de véhicule. Les sauvages, dit-on, sont très-exercés sous ce rapport ; en appliquant l'oreille sur le sol, ils saisissent les bruits lointains même les plus faibles. Il n'est pas rare d'entendre, pendant des batailles, le bruit du canon, ou d'ouïr, pendant un orage, le fracas du tonnerre, à des distances fort éloignées. Je me rappelle qu'à Ostende, sur la plage, j'entendais très-distinctement des coups de canon tirés dans le port de Flessingue, dont j'étais éloigné de douze lieues de France environ.

Celui de nos sens dont la portée est incontestablement la plus grande, c'est la vue. Si nous en étions dépourvus, il nous serait impossible de connaître les choses placées à des distances inaccessibles, et moins encore celles qui se trouvent en dehors de notre atmosphère, telles que les corps célestes. Plusieurs sciences n'existeraient pas ; bien plus, l'homme serait physiquement réduit à vivre dans une sphère tellement circonscrite, que son existence deviendrait impossible.

On objectera que la planète Neptune a été découverte, sans qu'il ait été nécessaire de l'apercevoir, et que la théorie avait assigné sa distance et son orbite, quand aucun œil humain n'avait encore soupçonné son existence. Cette objection n'est que spécieuse, car la théorie a dû se baser, pour s'élever à cette brillante découverte, sur les anomalies que l'observation avait constatées préalablement dans la marche d'Uranus; et ce n'est que pour avoir bien vu, que la science a pu calculer ensuite avec certitude.

La vue, sans instruments auxiliaires, nous permet de plonger dans les profondeurs du ciel jusqu'aux étoiles de cinquième et de sixième grandeur. Or, si nous admettons, avec l'illustre W. Herschel, que les grandeurs sont en rapport avec les distances, la sphère d'activité de notre vue s'étendrait cinq à six fois plus loin que la distance des étoiles les plus apparentes. Mais ces derniers astres sont si éloignés, qu'ils se trouvent au moins cent mille fois plus distants du soleil que nous, bien que la distance qui nous sépare du soleil soit de 33 millions de lieues environ. L'organe de la vue nous dédommage donc bien amplement de l'imperfection des autres sens, ou du moins de leur faible portée. C'est par lui seul que nous nous mettons en relation avec les mondes extérieurs.

On trouvera peut-être que je rétrécis trop la sphère d'activité du toucher; on dira que l'aveugle qui ne voit pas le soleil, le sent cependant fort bien, et s'aperçoit de l'interruption des rayons calorifiques, comme le clairvoyant pourraît s'apercevoir de la suppression des rayons lumineux : tous deux reconnaissent, à leur manière, quand un nuage vient à s'interposer comme un écran entre eux et le soleil, que l'astre a suspendu momentanément son action directe.

Il convient de faire ici une distinction importante. Nos organes peuvent être affectés de deux manières, soit par des substances pondérables, soit par des substances impondérables. Sous le premier rapport, l'organe du toucher a une sphère d'activité à peu près absolument nulle ; sous le second rapport, il n'en est pas de même : le soleil, malgré son éloignement, révèle sa présence au toucher par l'intermédiaire de ses rayons calorifiques ; et il nous serait difficile de dire quelle serait la limite à laquelle son influence cesserait d'être perceptible.

L'œil peut aussi être affecté autrement que par la lumière. Des substances pondérables peuvent agir sur cet organe : ainsi, dans l'obscurité la plus complète, une pression exercée sur l'œil fait naître la sensation d'une lumière éblouissante.

Nous sommes habitués à considérer les choses d'une manière peut-être trop absolue ; nous regardons l'œil comme le siége exclusif de la vue et la lumière comme son excitateur nécessaire. Nous supposons aussi que le toucher doit s'exercer immédiatement sur des objets matériels ; cependant l'électricité lui transmet son action, soit de près, soit à distance. On connaît fort bien le phénomène qui révèle sa présence ; on sait qu'une sensation semblable à celle que ferait éprouver la résistance d'une toile d'araignée, manifeste, d'une manière très-caractérisée, les limites de sa sphère d'activité. L'électricité affecte aussi d'une manière spéciale les organes du goût et de l'odorat. On connaît, d'une autre part, l'expérience par laquelle un courant électrique peut déterminer sur l'organe de la vue une sensation semblable à celle que produiraient de brillants éclairs.

Nous n'avons malheureusement que des notions très-confuses et très-incomplètes sur le mode d'action des fluides impondérables, et particulièrement du fluide magnétique sur l'organisation humaine : quelques auteurs en racontent des merveilles, et ce n'est pas dans les limites de ce chapitre que j'essayerai d'en présenter même un aperçu.

On doit, au sujet du toucher, des expériences bien remarquables au docteur Weber, de Goëttingue. Elles prouvent que chaque partie du corps possède à un degré plus ou moins grand la faculté de sentir. Les extrémités des doigts, et des lèvres surtout, ont cette faculté prononcée à un très-haut degré ; le dos au contraire est peu habile à percevoir des sensations ; les nuances qu'on observe à cet égard sont assez marquées pour qu'on puisse les exprimer d'une manière *numérique*.

On sait que, chez quelques aveugles, le tact est développé avec tant de délicatesse, qu'il peut, pour certaines choses, suppléer à la vue, et déterminer même la nature des couleurs.

Ceux qui croient le plus à la vertu du magnétisme animal admettent, en général, que l'œil n'est pas l'organe exclusivement nécessaire pour la vision. De même qu'on peut toucher par d'autres organes que par les mains, on pourrait voir, d'après les partisans de la clairvoyance, dans certains états d'excitation, par d'autres parties du corps que par les yeux.

Toutes ces questions sont fort obscures, et il est à craindre qu'elles ne restent longtemps encore dans cet état, si propice aux spéculations du charlatanisme et aux illusions de l'ignorance.

SECTION DEUXIÈME.

CHAPITRE PREMIER.

Méthodes suivies pour étudier les qualités morales et intellectuelles de l'homme.

Il existe entre le physique et les facultés morales et intellectuelles de l'homme des liens si étroits, qu'ils frappent l'observateur même le plus superficiel. L'étude de ces liens mystérieux a donné naissance à de nombreux travaux, dont quelques-uns sont dus à des penseurs du plus haut mérite. Elle a fait naître aussi une foule de systèmes plus ou moins ingénieux, plus ou moins scientifiques.

On est en général parti de cette idée que nos qualités morales et intellectuelles sont en rapport direct avec des organes spéciaux qui peuvent être considérés comme leur servant, soit de siége, soit d'interprètes. Cette hypothèse, il faut en convenir, peut citer des faits nombreux en sa faveur. Les antagonistes qui l'ont combattue avec le plus de succès, se sont appuyés principalement sur les abus qu'elle a fait naître.

Les travaux de Gall et des physiologistes de son école subsisteront toujours, en dehors de toutes les contestations que peuvent soulever les promesses de la phrénologie, comme un monument scientifique du mérite le plus incontestable.

La phrénologie a peut-être eu le défaut de trop localiser nos facultés ; car, en admettant même que chacune ait son siége dans le cerveau et soit en rapport direct avec une partie ou organe spécial de celui-ci, le phrénologiste ne peut asseoir ses jugements que sur l'examen du crâne, qui est fréquemment trompeur dans ses indications. Assez souvent en effet, à des protubérances extérieures répondent intérieurement d'autres protubérances qui dépriment le cerveau , et doivent ainsi donner lieu à des conclusions erronées. Il faudrait admettre que le crâne eût partout même épaisseur, ou que ses faces intérieure et extérieure fussent parallèles et accusassent fidèlement la forme du cerveau auquel elles servent d'enveloppe. Or, c'est ce qui n'arrive pas. M. Esquirol me fit voir, en 1834 , une collection curieuse de crânes qui présentaient de nombreuses anomalies du genre de celles dont je viens de parler.

Quoi qu'il en soit, on a généralement accepté

les grandes divisions qui servent de base à la phrénologie, sans se préoccuper des avantages immédiats qu'on peut retirer de la cranioscopie.

Le docteur Camper avait également cru trouver une mesure de l'intelligence dans la forme extérieure du crâne. Il employait à cet effet l'*angle facial*, déterminé par deux lignes droites, dont l'une horizontale passe par le trou auditif et les dents supérieures de devant, et dont l'autre s'appuye sur les mêmes dents et le point le plus saillant du front. Daubenton substitua à cet angle un autre dont le sommet était dans le grand trou occipital (dans la nuque un peu au-dessous du crâne); l'un des côtés se dirigeait vers le sommet de la tête, et l'autre vers le bord inférieur de l'orbite de l'œil.

Dans les idées des phrénologistes, de Camper et de Daubenton, les appréciations s'établissent sur des parties osseuses, et l'on cherche en quelque sorte, à mesurer l'instrument qui fonctionne.

Lavater, en acceptant de pareilles données, y joignit encore les indications fournies par les parties charnues; il s'attacha surtout à étudier nos facultés morales par les traces qu'elles laissent de leur action. Une observation fine et pénétrante reconnaît en effet que chaque passion fait jouer d'une manière particulière les diffé-

rentes parties de la physionomie et finit par y
laisser des empreintes durables, quand son action a été souvent répétée. Lavater alla plus
loin ; il prétendit qu'il existe entre notre organisation morale et notre organisation physique
des relations si intimes, qu'on peut, en quelque sorte, établir l'une au moyen de l'autre ; il
ne faut pas même que les passions aient modi-
fié nos traits, pour constater leur existence ; le
nez, par exemple, la partie peut-être la plus
passive de la physionomie humaine, lui fournit
des indications sur la nature du caractère , les
dents même et les cheveux ne sont pas négligés
dans ses observations. On ne peut certainement
refuser à l'observateur suisse une grande saga-
cité et souvent beaucoup de vérité dans ses
aperçus, mais jusque-là il n'a point posé les
bases d'une science.

Je ne parlerai pas de la chiromancie ancienne ; ceux qui prétendaient tout voir, à l'in-
spection seule de la main de l'homme, doivent
être placés aujourd'hui, avec les astrologues,
parmi les charlatans qui ont abusé des premiers
rudiments des sciences pour tirer profit de la
crédulité des hommes.

Quelques écrivains ont cru voir aussi dans la
manière d'être de l'homme, des moyens de remonter plus haut et d'en déduire par induction

la nature de ses qualités morales et intellec- -
tuelles; ils ont tour à tour étudié ses allures,
les inflexions de sa voix, son geste et jusqu'à
son écriture. Sans s'arrêter avec les amateurs
d'autographes à la forme de la lettre écrite,
Buffon voulait qu'on étudiât ce qu'elle exprime.
Le style c'est l'homme, disait ce grand écrivain;
et l'on a répété depuis, en généralisant cette
idée, que la littérature est l'expression de la
société. Ces propositions certainement renferment beaucoup de vrai; mais il faut une intelligence fort élevée pour avoir des chances d'en
faire d'utiles applications.

La méthode d'analyse la plus commune et la
plus sûre, est celle qu'indique le bon sens;
c'est d'étudier l'homme par ses *actions* et de
remonter des effets aux causes. Mais cette méthode, quand il s'agit de saisir des résultats généraux et de reconnaître les lois qui peuvent
exister dans l'organisation humaine, n'a point
encore été ramenée à des principes stables.
Chacun adopte une marche et des vues particulières; je me propose de chercher à établir dans
ce qui va suivre, quelques principes qui semblent devoir nous guider, dans toutes les observations de cette nature, et qui servent en quelque sorte de base à la branche des sciences qu'on
est convenu d'appeler la *statistique morale*.

CHAPITRE II.

Du libre arbitre de l'homme et de son influence sur les phénomènes sociaux.

Nous allons nous occuper de l'étude des lois qui régissent le moral de l'homme. En nous plaçant sur ce terrain, nous devons nous attendre à y rencontrer des difficultés nombreuses, dont quelques-unes même pourront, au premier abord, nous paraître insurmontables.

Ce qui distingue surtout les phénomènes moraux des phénomènes purement physiques, c'est l'intervention du libre arbitre de l'homme. Cet élément capricieux et désordonné, en mêlant son action à celle des causes qui dominent le système social, semble devoir déranger à jamais toutes nos prévisions.

Quand il s'agit des phénomènes physiques et que les causes qui les font naître, restent les mêmes, nous voyons qu'ils se reproduisent fidèlement dans le même ordre; tandis qu'ils se modifient aussitôt que ces causes viennent à changer; mais en sera-t-il de même des phénomènes moraux? C'est ce que l'expérience seule peut nous apprendre.

Parmi les faits relatifs à l'homme, il n'en est

pas où son libre arbitre intervienne plus directement que dans l'acte du mariage. Cet acte est l'un des plus importants de la vie, et l'homme ne s'y détermine en général qu'avec la plus grande circonspection. Cet ordre de faits est donc très-favorable à l'étude que nous nous proposons de faire. Nous choisirons, de plus, nos exemples dans les documents statistiques de la Belgique, parce que la bonne tenue des livres de l'état civil nous permet de croire qu'il n'existe pas de lacunes dans les faits enregistrés. Or, en les consultant, on reconnaît que, depuis vingt ans, le nombre des mariages, si l'on tient compte de l'accroissement de la population, est resté annuellement le même ; il est à peu près égal à celui des décès dans les villes. Bien que ce dernier nombre ne soit pas, comme le premier, sous l'influence du libre arbitre de l'homme, il a varié dans des limites beaucoup plus larges ; et l'on peut dire que la population belge a payé son tribut au mariage avec plus de régularité qu'à la mort ; cependant on ne se consulte pas pour mourir, comme on le fait pour se marier.

Si nous considérons les mariages sous un point de vue spécial, un fait nous frappera d'abord : nous verrons que, d'année en année, non-seulement le nombre total des mariages est demeuré à peu près constant dans les villes comme dans les campagnes; mais encore que cette constance s'observe dans les nombres qui indiquent les mariages entre garçons et filles, entre garçons et veuves, entre veufs et filles, entre veufs et veuves. Ces derniers nombres, quelque faibles qu'ils soient, procèdent avec une régularité vraiment remarquable, et la statistique offrirait peu d'exemples aussi curieux.

Ce qui étonne davantage encore, c'est que cette constance dans la reproduction des mêmes faits s'observe jusque dans les provinces considérées séparément, bien que les nombres soiént si faibles que quantité de causes accidentelles, en dehors du vouloir de l'homme, doivent tendre à en détruire la régularité. Dans l'état actuel des choses, et j'insiste sur ce point, tout se passe donc comme si, d'un bout du royaume à l'autre, le peuple s'entendait pour contracter annuellement le même nombre de mariages, répartis de la même manière entre les différentes provinces, entre les villes et les campagnes, entre les garçons, les filles, les veufs et les veuves. Si l'on cherchait, ici, les traces d'une libre volonté de l'homme, ce ne pourrait être que dans cette répartition si constante, et certes personne n'a songé à la produire.

Il y a plus ; il semblerait qu'il existe vérita—

blement des dispositions légales qui n'autorisent qu'un certain nombre d'unions pour les différents âges, tant il règne de régularité à cet égard. Ainsi, c'est de vingt-cinq à trente ans que l'on compte le plus de mariages dans les villes. Pendant les cinq années de 1841 à 1845, leur nombre a été, pour les hommes, 2681, 2655, 2516, 2698, 2698; et, pour les femmes, 2119, 2012, 1981, 2120, 2133. Il faut convenir que, si le chiffre avait été fixé d'avance, on n'aurait pas trop à se plaindre des infractions à la règle. Il en est de même pour les autres âges, même quand on groupe les mariages en ayant égard aux âges respectifs des deux époux. A voir, d'année en année, la reproduction à peu près identique des mêmes nombres, on ne croira jamais que le hasard ait pu présider à de pareils arrangements; il se passe là quelque chose de mystérieux qui confond notre intelligence. Non certes, le jeune homme de moins de trente ans qui épousait une femme plus que sexagénaire, n'était poussé à cette union ni par la fatalité ni par une aveugle passion; il était mieux qu'aucun autre en position de raisonner et d'exercer son libre arbitre dans toute sa plénitude; cependant il est venu payer son tribut à cet autre budget réglé d'après les usages et les besoins de notre organisation sociale; et ici, encore une fois, ce budget a été payé avec plus de régularité que celui qu'on paye au trésor de l'État.

Que l'on ne croie pas que les mariages forment la seule série de faits sociaux qui procèdent avec tant de régularité et de constance. J'ai fait voir ailleurs qu'il en est de même des crimes, qui se reproduisent annuellement en même nombre et attirent les mêmes peines dans les mêmes proportions. Même constance s'observe dans les suicides, dans les mutilations que se font des individus pour échapper au service militaire, dans les sommes exposées autrefois dans les maisons de jeu de Paris et jusque dans les négligences signalées par l'administration des postes par rapport aux lettres non fermées, manquant d'adresses ou portant des adresses illisibles. Tout se passe, en un mot, comme si ces diverses séries de faits étaient soumises à des causes purement physiques.

Devant un pareil ensemble d'observations, faut-il nier le libre arbitre de l'homme? certes je ne le crois pas. Je conçois seulement que l'effet de ce libre arbitre se trouve resserré dans des limites très-étroites et joue, dans les phénomènes sociaux, le rôle d'une cause *accidentelle*. Il arrive alors qu'en faisant abstraction des individus et en ne considérant les choses que d'une manière générale, les effets de toutes les causes accidentelles doivent se neutraliser et se détruire mutuellement, de manière à ne laisser prédominer que les véritables causes en vertu desquelles la société existe et se conserve. L'Être suprême a prudemment imposé des limites à nos facultés morales, comme il en a mis à nos facultés physiques; il n'a pas voulu que l'homme pût porter atteinte à ses lois éternelles.

La possibilité d'établir une statistique morale et d'en déduire des conséquences utiles, dépend entièrement de ce fait fondamental que *le libre arbitre de l'homme s'efface et demeure sans effet sensible, quand les observations s'étendent sur un grand nombre d'individus.* C'est alors seulement qu'on reconnaît les causes constantes et les causes variables qui dominent le système social; ce sont ces causes qu'il faut s'attacher à modifier, pour pouvoir opérer des changements utiles. Mais je n'insisterai pas ici sur cette importante théorie, je me réserve d'y revenir plus tard. Répétons néanmoins que, parmi les causes qui agissent sur le système social, il en est qui résident dans les qualités morales de l'homme et qui prennent leur source dans son libre arbitre.

L'homme, en effet, peut être considéré sous différents aspects. Il possède, avant tout, son individualité ; mais, comme je l'ai fait observer ailleurs, il se distingue encore par un autre privilége : il est éminemment sociable ; il renonce volontairement à une partie de cette individualité pour devenir fraction d'un grand corps, d'un peuple qui a sa vie aussi et ses différentes phases.

C'est la portion d'individualité engagée de la sorte qui devient régulatrice des principaux événements sociaux. Cette espèce de contribution personnelle peut être plus ou moins grande et dépend, en général, moins des limites politiques que de la conformité des mœurs et des origines. C'est elle qui détermine les coutumes, les besoins, l'esprit national des peuples, et qui règle le budget de leur statistique morale ; c'est aussi sur elle qu'il faut agir pour modifier les chiffres de ce budget.

Pour savoir jusqu'à quel point notre volonté se trouve engagée dans le système social, considérons nos moindres actions, même en dehors des obligations que nous impose notre état, ainsi que toutes les convenances que nous avons à consulter dans nos relations avec le monde extérieur. Nos costumes, nos promenades, nos discours, nos plaisirs, les heures de nos repas, celles même de notre sommeil, sont fixés par d'autres que par nous. Est-il éton-

nant dès lors qu'il reste des traces de cet esclavage dans l'ensemble des faits que recueille la
statistique? Si l'on se marie, on a des convenances à consulter, des usages à suivre, des
blâmes à éviter, et comme ces obligations sont
générales, les faits qui en résultent le sont aussi.
Ce n'est plus le vouloir de l'individu qui se
trouve ici le seul régulateur, mais celui du
peuple auquel l'individu appartient. Ainsi, chez
le Flamand, les mariages sont plus tardifs de
deux années que chez le Wallon ; les veufs et
les veuves y ont plus de chances de se rema-
rier ; et ces faits s'observent annuellement,
sans que les individus qui concourent à les produire, en aient même la moindre connaissance.

CHAPITRE III.

**Appréciation des qualités morales, quand les faits
sont comparables. — Mariages.**

I! est superflu, je crois, de prévenir que, dans
le genre de recherches qui nous occupe, il ne
sera jamais question d'une personne prise individuellement ; nos prévisions ne sauraient
s'étendre jusqu'à elle. Autant vaudrait rechercher aussi, au moyen d'une table de mortalité,
à quel âge elle doit mourir.

Les questions individuelles doivent rester
dans le domaine du libre arbitre. Loin de nous
la folle prétention de réduire l'homme à l'état
de machine dont on calculerait d'avance jusqu'aux moindres mouvements, ou de vouloir
enchaîner l'avenir dans une inflexible formule
mathématique.

Nous ne considérons ici que l'homme, être
abstrait dont la connaissance est déduite des
observations faites sur un assez grand nombre
d'individus, pour que les effets particuliers du
libre arbitre de chacun d'eux aient pu se
neutraliser.

Mais, en considérant les choses sous ce point

de vue, quel moyen aurons-nous pour déterminer les qualités morales? Il n'en est pas ici
comme des qualités physiques : on mesure
la taille, on a des instruments pour apprécier le poids ou la force; mais, pour les qualités morales, l'emploi d'instruments et de
mesures est absolument impossible; aussi serait-il absurde de vouloir en donner les valeurs
absolues. Tout ce que l'on peut dire c'est qu'un
homme a plus ou moins de courage, plus ou
moins de prudence à un âge qu'à un autre;
que nos actions sont plus ou moins modifiées
par le sexe, par les saisons, par les climats,
par les professions. Dans ces sortes d'appréciations , on ne peut avoir que des valeurs relatives, exprimées plus ou moins exactement.

C'est aussi le seul but que je me propose
ici. Je veux rechercher les moyens d'estimer
d'une manière plus précise des choses qui ont
été appréciées vaguement jusqu'à ce jour, et
tâcher d'en déduire quelques conséquences
utiles.

Nous devons procéder comme le physicien
qui, pour les phénomènes électriques, ne peut
donner également que des valeurs relatives,
et se trouve réduit à juger des causes par
leurs effets. Nous n'apercevons pas plus ce qui

donne naissance au phénomène moral que ce qui produit le phénomène électrique. Nous ne voyons que l'effet en lui-même, et c'est cet effetq ue nous cherchons à apprécier.

Si l'homme ne se manifestait par ses actions, il serait impossible de le juger. Comment, sans l'avoir vu agir, pourrait-on assurer qu'il est bon, généreux, plein de courage? C'est tout au plus s'il pourrait avoir lui-même la conscience de ses qualités. Dans tous les cas, il serait nul par rapport à l'état social.

En le considérant sous ce point de vue, j'admettrai ce principe fondamental de toutes les sciences d'observation, que *les effets sont proportionnels aux causes.* Ce sera donc par ses actions qu'il faudra le juger.

La première difficulté qui se présente, consiste à trouver des actions exactement comparables et qui toutes parviennent à notre connaissance; malheureusement, il en existe très-peu qui soient dans ce cas. La statistique morale en est encore à son enfance; elle a recueilli très-peu de faits qui appartiennent exclusivement à son domaine. Je n'en connais guère qu'une série qui soit dans les conditions indiquées précédemment, c'est celle qui est relative aux mariages; encore pourrait-on objecter que ces faits dépendent moins du moral que du libre arbitre de l'homme. Je m'en servirai cependant, parce qu'il s'agit ici bien moins d'indiquer un sujet spécial de recherches, que de tracer la marche à suivre pour l'étudier. Je me réserve de reprendre, dans un des chapitres suivants, le problème dans toute sa généralité.

Je supposerai donc que nous ayons à rechercher la tendance du Belge à se marier, dans l'état actuel des choses. Cette tendance, comme je l'ai dit, n'a rien d'absolu ; elle ne peut avoir qu'une valeur relative que je vais tâcher d'apprécier.

En suivant les principes indiqués précédemment, il faut étudier les faits pour remonter aux causes. Si nous jetons les yeux sur les tableaux des mariages en Belgique, en faisant la distinction des âges, nous y trouverons annuellement une constance qui a déjà fait l'objet de notre étonnement. Ainsi, nous avons vu que, pendant les cinq dernières années, le nombre des hommes de vingt-cinq à trente ans, qui se sont mariés dans les villes a été de 2681, 2655, 2516, 2698, 2698. Les étroites limites entre lesquelles la moyenne 2652 s'est trouvée resserrée, permettent de conclure avec une très-grande probabilité, qu'en 1846, le nombre des hommes de 25 à 30 ans qui se seront mariés, s'écartera peu de 2652. La probabilité sera moins forte pour 1847, et elle diminuerait à mesure que nous serions portés à étendre nos prévisions plus avant. On conçoit que le retour des mêmes effets dépend de la permanence des mêmes causes, et que plus nous nous éloignons du moment actuel, plus l'état social peut changer et faire varier les circonstances qui produisent les mariages.

On peut donc s'attendre, pour 1846, à trouver environ 2652 mariages d'hommes de vingt-cinq à trente ans. Or, nous savons qu'il existe en Belgique à peu près 120,000 hommes non mariés de cet âge, dont le quart se trouve dans les villes. La probabilité pour le mariage d'un citadin de vingt-cinq à trente ans, était donc $\frac{2652}{30000}$ ou 0,0884.

Cette probabilité peut être considérée comme donnant, dans les villes, la mesure de la *tendance apparente* que le Belge de vingt-cinq à trente ans a pour le mariage. Je dis avec intention *tendance apparente*, pour ne pas établir de confusion avec la *tendance réelle* qui pourrait être très-différente. Un homme conservera, pendant toute sa vie, une tendance réelle au mariage, sans se marier jamais; un autre, au contraire, entraîné par des circonstances fortuites, peut se marier sans avoir aucun penchant au mariage. La distinction est essentielle. Ce que l'on remarque, ici, corres-

pond à ce qui se voit au jeu. Un joueur peut
avoir une probabilité très-forte de gagner et
néanmoins perdre, tandis que le gain est pour
celui qui avait une très-faible probabilité en sa faveur. Les événements observés ne correspon-
dent pas nécessairement à leurs probabilités
respectives ; l'accord ne tend à s'établir qu'a-
près des épreuves longuement répétées. Quand
on aura donc déterminé, par des séries d'observations, la tendance apparente au mariage pour une certaine époque de la vie, on
n'aura qu'une valeur plus ou moins approchée
de la tendance réelle que l'on veut estimer.
L'erreur à laquelle on s'expose en substituant
une valeur à l'autre, peut se calculer directement par la théorie des probabilités ; comme
cette erreur dépend du jeu des circonstances
fortuites ou des causes *accidentelles*, elle sera
généralement d'autant plus considérable que
les estimations auront été fondées sur un nombre moins grand d'observations.

On conçoit donc que, dans le cas qui nous
occupe, l'expérience ne peut absolument rien
apprendre à l'égard des individus. Autant vaudrait déterminer, par le résultat d'une seule
partie, la probabilité qu'avait un joueur en se
mettant au jeu.

Un calcul analogue à celui qui a été établi

précédemment , fait connaître , que , pour l'homme de 30 à 35 ans, la probabilité de se marier pendant l'année est 0,0932.

Cette probabilité 0,0932 dépasse un peu celle qui est assignée à l'homme âgé de 25 à 30 ans. Bien que la différence soit très-petite, elle s'est reproduite chaque année; on ne peut donc pas la considérer comme accidentelle.

La tendance au mariage, chez les hommes en Belgique, n'atteint guère son maximum que vers l'âge de 36 à 37 ans; elle décroît ensuite, et pour l'homme de 40 à 45 ans, elle est à peu près la même que pour celui de 25 à 30.

En considérant les choses d'une manière générale, on peut dire que la tendance au mariage suit, dans son développement progressif, une marche extrêmement régulière : elle se manifeste après la puberté, se développe rapidement après 25 ans, atteint son maximum vers 36, puis décroît jusqu'à l'extrême vieillesse.

Il ne faut pas croire que les nombres qui expriment les degrés relatifs de cette tendance soient fictifs; ils méritent tout autant de confiance que ceux des tables de mortalité sur lesquels les sociétés d'assurances basent tous leurs calculs.

L'exemple que je viens de présenter est très-propre à faire concevoir comment, quand on possède des observations sûres et comparables entre elles, on peut analyser les penchants de l'homme et en exprimer numériquement les degrés d'énergie aux différents âges. Cette possibilité, encore contestée par quelques savants, me semble mise hors de doute, et devoir former, en quelque sorte, l'une des sources les plus fécondes de la statistique morale.

La loi que suit la tendance au mariage chez les femmes, pour les différentes époques de la vie, n'est pas la même que chez les hommes. Le maximum se manifeste plus tôt et se présente de 28 à 29 ans. Les deux lignes qui suivent, peuvent, par leurs écarts de l'axe horizontal sur lequel sont inscrits les âges, donner une idée de la tendance au mariage pour les différentes époques de la vie de l'homme et de la femme :

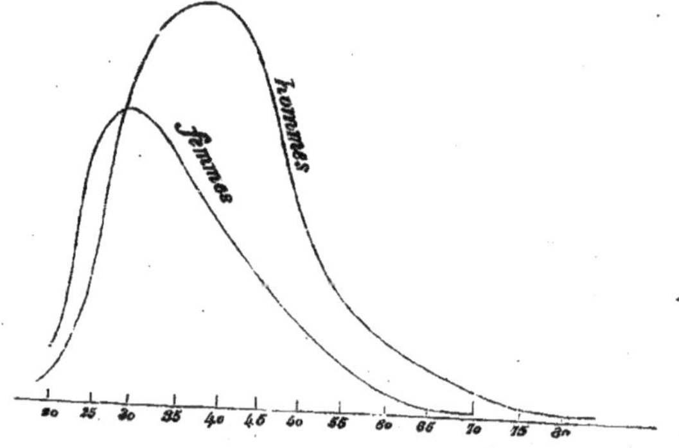

CHAPITRE IV.

Appréciation des qualités morales quand les faits ne sont pas comparables. Crimes et suicides.

Considérons les choses sous un point de vue plus général, et supposons une série de faits de même nature, mais qui ne sont pas rigoureusement comparables entre eux.

L'exemple peut-être le plus défavorable sous ce rapport, est celui que nous présentent les annales des crimes : il semble en effet résumer en lui toutes les difficultés possibles.

D'abord est-on bien d'accord sur ce qu'il faut entendre par crime? Évidemment non. Ce qui est puni chez un peuple, ne l'est pas chez un second ; ce qui est réprimé à une époque, est toléré à une autre. Cependant, malgré ces discordances et quoique le crime ne semble avoir rien d'absolu en lui-même, on peut regarder les infractions aux lois comme des actions blâmables.

Ces actions ensuite ne sont pas, toutes, également répréhensibles ou plutôt ne sont pas comparables. L'assassinat et l'infanticide ne doivent pas être mis sur la même ligne. Les infanticides même sont punissables à des degrés bien différents : les uns peuvent être le résultat du besoin ou d'un sentiment de repentir et de honte, poussé jusqu'à l'excès; d'autres, au contraire, sont le fruit d'une profonde immoralité.

Voilà donc des séries de faits que nous confondons sous le nom de crimes, et qui ne sont nullement comparables entre eux. Ils laissent supposer seulement, chez celui qui les commet, une tendance apparente plus ou moins grande à se mettre en hostilité avec la société dont il fait partie, et à lui causer de véritables préjudices. Sous quelque rapport que l'on considère cette tendance, nous la nommerons *penchant apparent* au crime, que nous distinguons du *penchant réel*, comme nous l'avons fait précédemment à l'égard de la tendance au mariage.

Faute d'établir cette distinction, on s'exposerait à faire d'étranges méprises, surtout si l'on ne considérait que les individus. On peut être fort enclin au crime, sans jamais en avoir commis un seul; comme aussi l'on peut avoir commis un crime, sans qu'on y eût le moindre penchant. Mais ces exemples doivent être considérés comme exceptionnels; et, quand on opère sur de grands nombres, il arrive généralement que les crimes sont en rapport avec le penchant naturel que les hommes peuvent avoir à les commettre. Les écarts plus ou moins grands qui s'établissent entre les penchants apparents et les penchants réels, sont dus à des causes accidentelles qui finissent par se compenser, quand les épreuves sont suffisamment répétées.

Il est donc possible de constater, par des observations suivies, les degrés relatifs d'énergie qui entraînent les hommes à exécuter certains faits. De sorte que si je voyais un million d'hommes de 25 à 30 ans produire deux fois autant de meurtres qu'un million d'hommes de 40 à 45 ans, je serais disposé à croire que le penchant au meurtre, chez les premiers, est double en énergie de ce qu'il est chez les seconds. Ma conjecture deviendrait d'autant plus plausible que ce même résultat se reproduirait plus souvent, par des séries d'observations subséquentes.

Je suppose, bien entendu, que les crimes commis des deux parts offrent le même caractère de gravité. Il ne faut comparer entre eux que des faits de même espèce : ainsi, il ne faut pas confondre les vols avec les assassinats, ni les empoisonnements et les faux témoignages avec les coups et blessures.

L'important est donc d'avoir un nombre

d'observations suffisant pour éliminer les effets
de toutes les causes fortuites qui peuvent établir des différences entre le penchant apparent
et le penchant réel que l'on veut déterminer.
La première appréciation est généralement différente de la seconde, dont on peut approcher
autant qu'on le veut, par des observations suffisamment prolongées.

Mais il se présente, ici, un autre genre de difficultés que l'on pourrait croire insurmontables :
c'est qu'il sera impossible à jamais de connaître
tous les crimes qui se commettent. Nous sommes réduits à ne pouvoir prononcer que d'a-
près un certain nombre de crimes déférés devant les tribunaux. Ainsi, non-seulement les
faits ne sont pas rigoureusement comparables,
mais ils sont même incomplets.

Une étude attentive de cette difficulté m'a
permis de reconnaître qu'elle n'existe réellement
pas, quand on se propose d'obtenir des valeurs
relatives et non des valeurs absolues. J'ai fait
voir, en effet, qu'aussi longtemps que la marche
de la justice et celle de la répression restent les
mêmes (1), ce qui ne peut guère avoir lieu que
dans un même pays, il s'établit des rapports
constants entre ces trois choses : 1° les crimes

____

(1) *Lettres sur la Théorie des probabilités, etc.*

commis , 2° les crimes commis et dénoncés à la justice, 3° les crimes commis, dénoncés à la justice et poursuivis devant les tribunaux. Ce sont ces derniers seulement que l'on constate dans les statistiques des tribunaux. Pendant quelques années, la Belgique a fait connaître les seconds et l'on a pu juger alors que mes conjectures ont été effectivement justifiées, autant du moins qu'on pouvait s'y attendre.

Quand on s'en tient donc à des rapports , et qu'on ne cherche pas à avoir des valeurs absolues , on peut substituer ces trois classes de faits l'une à l'autre.

Or, en se bornant à un même ordre de faits , recueillis dans un même pays et sous l'influence des mêmes lois et de la même répression, il arrive encore que ces faits n'ont pas tous la même importance; ils varient entre eux par une infinité de nuances. Cependant, quand on opère sur un grand nombre d'hommes, il en est de leurs qualités morales comme de leurs qualités physiques : on peut supposer un terme moyen autour duquel tous les éléments observés viennent se grouper, les uns en plus, les autres en moins. En outre, leur arrangement se fait d'après une loi déterminée, qui n'est autre que la *loi de possibilité*, laquelle se reproduit généralement avec une constance remarquable dans tous les faits soumis à l'influence des causes accidentelles.

Ce sont, en définitive, des moyennes que l'on compare entre elles; et ces moyennes sont d'autant plus dégagées des effets de toutes les causes accidentelles, que les observations s'étendent sur un plus grand nombre d'hommes.

La France, depuis une vingtaine d'années, recueille avec soin les documents statistiques de ses tribunaux; plusieurs autres pays ont suivi cet exemple. J'ai pu profiter de leurs données pour appliquer les principes qui précèdent, à la formation de *tables de criminalité*, c'est-à-dire de tables qui indiquent, pour les différents âges, les degrés de la tendance au crime. Or, il se trouve que la loi du développement de cette tendance est la même pour la France, pour la Belgique, pour le grand-duché de Bade et pour l'Angleterre, les seuls pays dont les observations soient bien connues. *Le penchant au crime, vers l'âge adulte, croît assez rapidement; il atteint un maximum et décroît ensuite jusqu'aux dernières limites de la vie.* Cette loi paraît constante, et n'éprouve de modification que dans la grandeur et l'époque du maximum. En France, pour les crimes en général, le maximum se présente vers 24 ans; en Belgique, cette époque arrive deux ans plus tard;

en Angleterre et dans le grand-duché de Bade, au contraire, elle s'observe plus tôt.

Ces différences, bien que faibles, le seraient probablement plus encore, si les tribunaux de ces quatre pays n'avaient à juger que des crimes et des délits du même ordre. Le maximum de la criminalité se déplace, en effet, selon la nature des crimes : ainsi, en France, le maximum du penchant au crime contre les propriétés devance, de deux ans environ, celui du penchant au crime contre les personnes ; et il est deux à trois fois plus prononcé. Si l'on considère en particulier les principaux crimes, ils se présentent, pour la précocité, dans l'ordre suivant : le vol, le viol, les coups et blessures, les meurtres, les assassinats, les empoisonnements, et les faux de toute espèce.

Il existe aussi une différence eu égard aux sexes : en France, le maximum, pour les hommes, arrive une année environ plus tôt que pour les femmes, et il est quatre fois plus grand.

Que l'on ne croie pas que ces différences soient fortuites ; elles se reproduisent, d'année en année, et avec une constance et une régularité plus grandes que celles qu'on pourrait remarquer dans l'ordre des phénomènes purement physiques. Ces exemples présentent une nouvelle confirmation de ce que j'ai avancé déjà sur les effets du libre arbitre, relativement aux faits sociaux.

Le suicide est également soumis à une loi, laquelle diffère essentiellement de la loi de la criminalité. *Le penchant au suicide, plus ou moins développé dès l'enfance, croît sensiblement vers l'âge adulte, et va continuellement en augmentant jusqu'à la vieillesse la plus reculée.*

Cette loi, qui se vérifie, d'année en année, comporte une probabilité presque aussi forte que la loi de la mortalité ordinaire. Il y a plus : non-seulement les suicides sont à peu près, chaque année, en même nombre ; mais, en les séparant par groupes et d'après les instruments qui servent à leur exécution, on trouve encore la même constance.

Cette distribution cependant, constante pour chaque pays, diffère sensiblement en passant d'un pays à un autre. Il suffirait, sans doute, de modifier les causes qui régissent notre système social, pour modifier aussi les résultats déplorables que nous lisons annuellement dans les annales des crimes et des suicides. Il serait d'un aveugle fatalisme de croire que les faits que nous voyons se reproduire avec tant de régularité, ne peuvent subir de changements en améliorant les mœurs et les institutions des hommes; mais, pour produire des effets appréciables, il faut agir sur les masses et non sur quelques individus qui en font partie. Ce sera au statisticien ensuite à reconnaître si les changements ont été avantageux ou nuisibles.

En considérant les choses sous ce point de vue, on concevra mieux la haute mission du législateur, qui tient, en quelque sorte, entre ses mains le budget des crimes, et qui peut en diminuer ou en augmenter le nombre par des mesures combinées avec plus ou moins de prudence.

CHAPITRE V.

**Théorie de l'homme moyen considéré au moral.
Loi des causes accidentelles.**

L'observation nous apprend que, pendant le cours de notre existence, nous subissons des modifications très-prononcées, et que chacune de nos qualités morales se développe progressivement, de manière à atteindre un point maximum. Mais ce point, à quel âge faut-il le placer? Est-il possible ensuite d'apprécier, pour les différentes époques de la vie, les valeurs relatives de chacune de nos tendances?

J'ai essayé de répondre à ces diverses questions et de faire comprendre que, pour assigner la loi du développement de chacune de nos qualités morales, ce sont moins les méthodes d'observation qui nous manquent, que des séries d'expériences bien faites. Non-seulement on peut déterminer l'influence de l'âge, mais encore celle des sexes, des professions, des races, et de tout ce qui peut établir des différences dans l'espèce humaine.

Ces sortes d'appréciations reposent sur la théorie des moyennes; il ne faut cependant pas les accepter dans un sens absolu. Ainsi, de ce que, en Belgique, la tendance au mariage a le plus d'intensité vers l'âge de 36 ans, il ne faut pas conclure que tous les hommes de cet âge aient en effet une tendance plus grande à se marier que ceux d'un âge différent. Je ne parle ici que de l'*homme moyen,* être abstrait, qui est, en quelque sorte, dans un état d'équilibre entre tous les individus du même âge.

Si nous rapportons tout à cet homme moyen, il faudra le concevoir aux différents instants de l'année, comme passant successivement par toutes les nuances que subit le groupe d'individus qu'il représente. La tendance qu'il aura au mariage sera plus ou moins énergique, s'écartera plus ou moins de la tendance moyenne; mais les écarts seront d'autant plus rares, qu'ils seront plus grands; et ces écarts seront assujettis, pour le nombre et la grandeur, à la loi des causes accidentelles. Cette conséquence curieuse résulte de ce que j'ai dit précédemment sur le retour constant des mêmes faits, qui ne peut avoir lieu sans la destruction des effets des causes accidentelles; or, cette destruction s'opère effectivement, toutes les années, de la même manière.

L'homme, pour les facultés morales, est donc, comme pour les facultés physiques, soumis à des

*écarts plus ou moins grands d'un état moyen ; et
les oscillations qu'il subit autour de cette moyenne,
suivent la loi générale qui régit toutes les fluctuations que peut subir une série de phénomènes sous
l'influence de causes accidentelles.*

J'insiste cependant sur une restriction ; c'est
que les faits sociaux ne peuvent rester les
mêmes qu'autant que la société reste sous l'influence des mêmes causes.

Il en est de la tendance au crime comme de
la tendance au mariage : ses variations sont
soumises à des fluctuations bien déterminées.
On peut concevoir tous les hommes comme
susceptibles de se mettre, par quelque côté,
en hostilité avec les lois. Chez les uns, cette
tendance peut, même dans ses excès, rester si
faible, qu'on doive la considérer comme nulle ;
chez d'autres, au contraire, elle est fortement
développée, et il y a tout à parier qu'elle se
manifestera par des actes plus ou moins répréhensibles. Ces deux extrêmes seront généralement très-rares. Chez d'autres, et ce sont
les plus nombreux, cette tendance existera
dans des limites resserrées ; ce qui ne veut cependant pas dire que la majorité des hommes aura un penchant décidé au crime. Il
est nécessaire de ne laisser aucun doute à ce
sujet.

Supposons que l'attention soit fixée sur tous les hommes de 30 ans. Nous concevons qu'il existe, chez chacun d'eux, une certaine possibilité, (le mot *tendance* en dirait trop peut-être), de se mettre en hostilité avec les lois. Cette possibilité, quelque minime qu'elle soit, admet des degrés inférieurs, jusqu'à pouvoir devenir absolument nulle; comme aussi, elle peut croître jusqu'à devenir égale à la certitude. Ainsi, quelques hommes ne se mettront certainement pas en opposition avec les lois; tandis que, chez d'autres, au contraire, cette opposition se manifestera. Le reste des hommes, en plus grand nombre, se rapprochera plus ou moins de la moyenne; la figure suivante pourra rendre cette distribution plus sensible aux yeux.

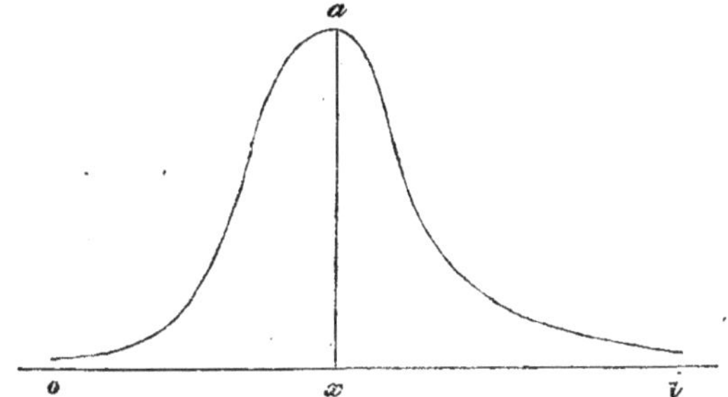

Au point *o*, la probabilité du crime, ou le penchant au crime, est absolument nul. La probabilité augmente, à mesure qu'on s'éloigne de *o* pour avancer à droite, et elle se convertit en certitude au point *i*. La ligne courbe *o a i*, par ses écarts de la ligne droite *o i*, indique le nombre des personnes qui correspond à chaque probabilité.

Cette même ligne *o a i*, qui fait connaître comment les hommes se distribuent entre eux, sous le rapport du penchant au crime, affecte, encore ici, la forme de la courbe des causes accidentelles. Il est à remarquer que nous retrouvons, pour les qualités morales, la même loi qui règle la distribution des hommes sous les rapports de l'élévation de la taille, du poids du corps, de la force et des autres qualités physiques. Je dois prévenir, toutefois, que je ne présente pas ce résultat comme se déduisant *directement* des faits observés; je crois même qu'il ne sera jamais possible de rien démontrer à cet égard, autrement que par voie d'induction.

Quoi qu'il en soit, la courbe qui convient aux hommes de 30 ans, n'est plus la même aux autres époques de la vie : sa forme doit changer en même temps que le maximum et l'étendue de ses limites.

Ces analogies vont plus loin et deviennent applicables à l'individu. Je m'explique : nous admettons que tout homme a une certaine tendance à enfreindre les lois. Or, cette tendance ne reste pas constamment la même ; elle varie tantôt en plus, tantôt en moins ; et, s'il était possible d'en apprécier la valeur, au milieu de toutes les modifications qu'elle subit, nous trouverions qu'elle est soumise aussi à la loi des causes accidentelles, qui régit en quelque sorte tout notre univers. Les limites et la forme de la courbe changent chez les différents hommes: pour les uns, la probabilité de commettre le crime va jusqu'à la certitude, tandis que, pour le plus grand nombre, elle est très-faible, même dans ses plus grands écarts.

Il ne faut pas conclure de ce que je viens de dire que toutes les actions de l'homme, que toutes ses tendances soient soumises à des lois fixes ; et que, par suite, je suppose son libre arbitre absolument anéanti. Afin d'écarter toute méprise à cet égard, quelques explications seront d'autant plus nécessaires qu'elles pourront jeter du jour sur la question du libre arbitre, l'une des plus difficiles et des plus intéressantes que nous puissions rencontrer dans les études qui nous occupent.

Si, pour ne prendre qu'un seul exemple, nous considérons, chez l'homme, sa tendance au crime, nous remarquerons d'abord que cette tendance dépend de son organisation particulière, de l'éducation qu'il a reçue, des circonstances dans lesquelles il s'est trouvé, ainsi que de son libre arbitre auquel j'accorde volontiers l'influence la plus grande pour modifier tous ses penchants. Il peut donc, s'il le veut, devenir autre qu'il n'est. Cependant, on conçoit que nos différentes facultés finissent par se mettre dans un état d'équilibre, et par contracter entre elles certains rapports, dont nous cherchons à nous départir le moins possible. C'est l'état qui va le mieux à notre organisation; des causes accidentelles peuvent l'altérer, mais nous tendons toujours à y revenir. Des événements imprévus peuvent exciter nos passions, nous porter au mal comme aussi nous élever au-dessus de nous-mêmes; ce sont ces causes accidentelles qui nous font osciller plus ou moins autour de notre *état moyen;* et par cela même que les variations s'accomplissent sous leur influence, nos différents états sont soumis à la loi de possibilité. Quant au libre arbitre, bien loin de jeter des perturbations dans la série des phénomènes qui s'accomplissent avec cette admirable régularité, il les empêche au contraire, dans ce sens qu'il resserre les limites entre lesquelles se manifestent les variations de nos différents penchants.

L'énergie avec laquelle notre libre arbitre

tend à paralyser les effets des causes accidentelles, est en quelque sorte en rapport avec l'é-
nergie de notre raison. Quelles que soient les
circonstances dans lesquelles il se trouve , le
sage ne s'écarte que peu de l'état moyen dans
lequel il croit devoir se resserrer. Ce n'est que
chez les hommes entièrement abandonnés à la
fougue de leurs passions, qu'on voit ces transitions brusques, fidèles reflets de toutes les causes extérieures qui agissent sur eux.

Ainsi donc, le libre arbitre, bien loin de porter obstacle à la production régulière des phénomènes sociaux, la favorise au contraire. Un
peuple qui ne serait formé que de sages, offrirait
annuellement le retour le plus constant des
mêmes faits. Ceci peut expliquer ce qui semblait d'abord un paradoxe, c'est-à-dire que *les
phénomènes sociaux, influencés par le libre arbitre
de l'homme, procèdent, d'année en année, avec plus
de régularité que les phénomènes purement influencés par des causes matérielles et fortuites.*

CHAPITRE VI.

Influence réciproque du physique et du moral.

Assujetti comme il l'est à mille influences différentes, l'homme est très-dissemblable à lui-même ; il flotterait constamment indécis entre des limites beaucoup plus larges que celles que la nature a fixées à ses qualités physiques, si sa raison n'empêchait des écarts trop grands. Son moral est tour à tour dominé par le milieu dans lequel il vit, par ses relations de famille, par les institutions politiques, par la religion dans laquelle il a été élevé, par les devoirs de son état. Les variations de l'atmosphère même laissent des traces de leur passage : quelques degrés de latitude de plus suffisent pour changer son humeur ; un accroissement de température enflamme ses passions, et le rend plus enclin à des actes de courage ou de violence.

Que dire ensuite des causes modificatives qui résident en lui-même ? Sans parler de l'âge dont l'action est si puissante, les moindres dérangements de santé exercent sur lui une influence sensible. En l'absence même du danger, une douleur passagère suffit pour changer entièrement ses dispositions : une migraine, une névralgie, un simple mal de dents vont le bouleverser ; l'agitation d'un vaisseau suffira pour briser son énergie. On pourrait presque assurer que l'homme, pendant deux instants consécutifs, ne reste pas exactement le même.

Malgré ces fluctuations, nous avons vu que les qualités morales de l'homme oscillent autour d'un état moyen et suivent, dans leurs plus grands écarts, des lois déterminées.

L'influence du physique sur le moral se manifeste surtout quand on étudie l'homme dans ses écarts de l'état moyen. Qu'on oppose par exemple le nain au géant, un hercule à un individu faible et chétif, on leur trouvera des passions et des qualités morales tout à fait différentes. L'esprit vif et mordant du bossu est devenu proverbial ; constamment sur la défensive contre d'injustes provocations, il a en quelque sorte exercé son esprit à repousser promptement les attaques dont il peut être l'objet. Chez des individus entièrement disgraciés de la nature, on observera généralement un fond de misanthropie qu'ils ont peine à dissimuler. Et comment pourrait-il en être autrement? Lisant constamment la pitié ou le dédain sur le front de ceux qui les entourent, leur âme n'a pu s'exercer à des sentiments de bienveillance.

Le moral réagit à son tour d'une manière bien prononcée sur le physique. La joie, la tristesse, la crainte, l'espérance, surtout quand elles sont portées à l'excès, suffisent pour exalter ou pour abattre complétement nos forces. La nièce de Leibnitz, en voyant les trésors que lui laissait son oncle, fut saisie d'un plaisir si vif qu'elle en mourut subitement. Bien des maladies ne s'établissent en nous qu'après avoir eu d'abord leur siége dans notre imagination. Aussi, je crois qu'un système médical qui opérerait sur cette dernière faculté, aurait souvent plus de succès que s'il opérait directement sur le physique. C'est un fait bien connu, que le changement de médecin produit presque toujours un mieux passager, même dans les maladies les plus désespérées.

Une grande force morale est un puissant élément de vitalité ; elle a, dans bien des circonstances, reculé, pour ainsi dire à son gré, les approches de la mort. Cette puissance active que nous possédons, peut expliquer des coïncidences presque miraculeuses que l'on a observées bien des fois et que l'on a commentées de mille manières.

L'action du moral sur le physique se fait aussi remarquer dans les ressemblances de famille. Les enfants, toujours prompts à recevoir les impressions de toute espèce, façonnent en quelque sorte leurs traits sur ceux de leurs parents ; ils empruntent leurs allures, leurs gestes et jusqu'aux moindres manifestations qui les caractérisent. Quelquefois, ces impressions se transmettent, par l'intermédiaire de la mère, avant même que l'enfant ait reçu le jour ; les physiologistes en citent de nombreux exemples. Cette opinion d'ailleurs n'est pas nouvelle, et l'on prétend que les Grecs, pendant la grossesse de leurs femmes, éloignaient d'elles tout ce qui pouvait les choquer et qu'ils attiraient au contraire leurs regards sur ce qui devait exciter en elles le sentiment de la beauté.

Notre imagination exercerait donc une action sensible non-seulement sur nous-mêmes, mais encore sur nos enfants. Il suffit, du reste, des plus faibles moyens pour mettre en jeu cette faculté puissante. Quelques sons harmonieux que nous avons entendus autrefois, des odeurs presque imperceptibles, un mot, une inflexion de voix, vont réveiller subitement une série d'idées, et nous replacer, sans que nous sachions même comment, dans les mêmes circonstances où nous étions à une autre époque.

De même, quelques traits que nous saisissons sur la physionomie d'une personne que nous n'avons jamais vue, vont exciter la sympathie ou un sentiment répulsif; et, si nous venons à chercher la cause de ces dispositions, nous les trouverons presque toujours dans des ressemblances avec d'autres personnes.

Rarement une idée s'isole de toutes les autres; nos conceptions sont généralement complexes, et il suffit d'en réveiller une seule, pour revivifier toutes celles qui s'y rattachent plus ou moins directement. Quelquefois un seul mot produit le même effet sur plusieurs personnes à la fois; et, sans qu'elles sachent comment, elles sont conduites à s'occuper des mêmes pensées en même temps.

CHAPITRE VII.

Analogies entre les lois physiques et les lois morales.

Nous sommes si vains, si fiers de la faible portion d'intelligence que l'Être suprême a mise en nous, que l'idée d'avoir quelque chose de commun avec la matière suffit pour exciter notre indignation. Si nous venons à nous heurter contre un obstacle ou à choir accidentellement, nous rougissons de subir le sort de la pierre abandonnée à son propre poids; et cependant toutes les forces de notre raison ne pourraient, pendant notre chute, altérer les conséquences des lois de la gravitation. Galilée même, en tombant du haut de la tour de Pise, aurait fourni un exemple de plus de l'invariabilité de la loi que son génie a fait connaître.

L'homme semble croire que la matière seule obéit à des principes immuables de mouvement et de conservation, comme si le Créateur avait laissé ses œuvres imparfaites et s'était moins occupé d'assurer la stabilité du monde moral que celle du monde physique.

Je m'étais occupé autrefois de réunir des observations à ce sujet. Dans un moment où les passions étaient vivement excitées par les événements politiques, j'avais cherché, pour me distraire, à établir des analogies entre les principes de la mécanique et ce qui se passait sous mes yeux. Ces rapprochements que j'avais faits, sans y attacher d'abord plus de valeur qu'à un jeu d'esprit, me parurent ensuite prendre le caractère de la vérité. J'y ai souvent pensé depuis; et tout récemment encore, les feuillets sur lesquels j'avais consigné mes idées, me tombèrent entre les mains. Qu'il me soit permis d'en citer quelques passages. On voudra bien juger de leur valeur, sans y attacher plus d'importance que je ne l'ai fait alors en les écrivant.

« Je nomme *force* tout ce qui influe moralement sur l'homme et le détermine à agir dans un sens plutôt que dans un autre.

« Il faut considérer, dans les forces morales comme dans les forces physiques, leur intensité et leur direction.

« Notre volonté est une force aussi, mais une force dont nous usons rarement; dans le plus grand nombre des cas, on peut la considérer comme nulle.

« L'instinct est une force plus active, et qui

est généralement développée en rapport inverse de notre raison. La nature semble l'avoir mise dans chaque individu pour assurer mécaniquement sa conservation.

« On doit distinguer, dans les phénomènes sociaux, comme en mécanique, deux espèces de forces ; les unes agissent par une impulsion unique, et les autres d'une manière continue. Un avis est communiqué à une personne qui se met aussitôt en mouvement ; il s'agit d'une place avantageuse à obtenir, ou de faveurs à solliciter ; cet avis doit être assimilé à une force de la première espèce. Aux forces de la seconde espèce, que je nomme aussi *forces vives*, je rapporte l'intérêt personnel qui dirige incessamment nos vues vers un objet désiré, l'amour-propre et l'orgueil de famille, qui rêvent des agrandissements quels qu'ils soient, l'instinct qui veille à notre conservation et multiplie notre espèce.

« L'intérêt personnel peut agir à la fois comme force morte ou comme force vive ; il peut nous porter à faire ou à dire une chose qui influera sur notre avenir, sans qu'il agisse ultérieurement ; ou bien, il peut nous déterminer à diriger constamment nos vues vers un même but. Un homme se fait militaire ; sans arrière-pensée d'avancement, il ne songeait qu'à se créer un état; ou bien, il se fait militaire, avec l'espoir de se pousser un jour jusqu'au grade de général; il fait tous ses efforts pour l'atteindre. Dans le premier cas, on a l'exemple d'une force morte; dans le second, celui d'une force vive.

« Si ce dernier homme ne rencontre pas d'obstacles ni de forces étrangères, il deviendra général et il sera porté vers son but avec une force croissante à mesure qu'il s'en approchera.

« Mais en pareil cas, les obstacles qu'on éprouve, se multiplient en raison du carré de la vitesse qu'on a dans sa marche. L'envie est un milieu résistant des plus actifs, surtout dans les petits états.

« L'homme qui tend toujours vers le même but, finit par acquérir une force morale immense. Il n'est pas de si petite pierre qui, tombant d'une grande hauteur, ne parvienne à agir comme un poids considérable.

« Le moyen le plus sûr de ne pas tomber est de marcher droit. Pour bien conserver cette position verticale qui vous donne tant d'avantages, ne chargez pas vos épaules de fardeaux trop lourds; vous seriez bientôt contraint de vous courber.

« La ligne droite est le chemin le plus court; bien des personnes paraissent ignorer cet axiome; elles savent généralement mieux que la ligne droite n'offre pas le chemin qui conduit le plus vite au point où elles veulent arriver. Cette vérité mathématique a besoin d'être démontrée; cependant c'est celle que l'on conteste le moins et qu'on applique le plus souvent.

« Il existe dans l'homme moral abandonné à lui-même, un point autour duquel toutes les passions, toutes les forces qui le dominent se font équilibre. Ce point est l'analogue de celui qu'on désigne dans les corps sous le nom de centre de gravité : je le nomme *centre moral.*

« Pour connaître ce point, il faut avoir recours à l'observation, à peu près comme on le fait pour connaître le centre de gravité des corps que l'on suspend librement dans deux positions différentes, en les livrant aux seules actions de la gravité. Il faut également observer l'homme dans différentes positions de sa vie, quand il n'agit que d'après les forces que la nature et l'éducation ont mises en lui, et qu'il n'est sous l'influence d'aucune force étrangère. Ce procédé est assez généralement mis en pratique, quand on veut connaître le caractère et les tendances d'un homme.

« Une bille placée entre deux forces égales et directement opposées, ne peut se mouvoir; il en est de même d'un homme placé moralement entre deux forces égales et directement opposées. Si la bille placée dans la direction commune de ces deux forces, n'offre pas assez de résistance, elle sera brisée. Cette remarque peut être utile à ceux qui seraient tentés de se placer entre deux partis opposés et également forts.

« Si un homme est porté à faire une chose par intérêt personnel, et si le sentiment du devoir lui dit de faire exactement le contraire, avec tout autant d'énergie, cet homme se trouvera dans un état d'équilibre moral, et il lui sera impossible de prendre une détermination. Si les forces, au lieu d'agir en sens opposé, agissent dans le même sens, il sera mis en mouvement avec une rapidité double; si elles l'entraînent dans des directions divergentes avec des forces inégales, il suivra une direction intermédiaire, qui le rapprochera cependant du sens dans lequel agit la force la plus énergique.

« Il en est de même pour autant de forces que l'on voudra; leur combinaison produit une force unique avec une direction déterminée. Ainsi, l'homme en proie à toutes les passions, obéissant à tous ses intérêts, à toutes les suggestions dont il peut être l'objet, suivra en définitive une certaine ligne de conduite. Sa raison peut intervenir comme force active pour modifier cette résultante et sa direction, du moins dans de certaines limites.

« Quelquefois la résultante de toutes les forces qui agissent sur l'homme est nulle ; c'est ce qui constitue l'état d'équilibre. Il n'existe, dans ce cas, aucune tendance à se porter dans un sens plutôt que dans un autre.

« Il peut arriver que l'ensemble des forces présente une résultante qui passe par le centre moral, l'homme procède alors d'une manière régulière. Mais, si la résultante ne passe pas par ce centre, il pivotera sur lui-même ; c'est ainsi que l'homme fortement sollicité à la fois par l'avarice et par le penchant à l'amour ou à l'ambition, ou par d'autres passions qui n'ont aucun point de commun dans leur direction, pourra pivoter sur lui-même, à peu près comme la toupie sous la main de l'enfant, ou comme la girouette sous le souffle des moindres vents.

« Pour être sûr d'atteindre le but, il ne faut jamais le perdre de vue, et surtout ne pas choisir un but trop éloigné. Les moindres forces étrangères qui viendraient à nous frapper latéralement, nous exposeraient à décrire une trajectoire plus ou moins longue dans l'espace ; cette trajectoire peut devenir une courbe fermée et nous exposer à tourner constamment autour du but désiré, sans pouvoir jamais l'atteindre.

« En n'obéissant qu'à sa tendance naturelle, la terre serait depuis longtemps sur le soleil ; elle

doit à une impulsion latérale de rouler éternellement sur elle-même et de circuler autour de
l'astre brillant vers lequel elle se sent poussée.
Combien de personnes pour qui un mariage
mal assorti, un défaut de conduite, un caprice
même ont servi de force latérale pour les faire
tourner éternellement autour d'une position
brillante, objet de tous leurs vœux.

« Le sage étudie par lui-même les forces qui
agissent sur lui, afin de modifier à son gré la
grandeur et la direction de la résultante. En
marchant ainsi, il va toujours où il veut aller, et
n'avance qu'avec la vitesse qu'il veut avoir ; maître de sa marche qu'il règle librement, il suivra,
pour passer d'une position à une autre, la ligne
droite ; et, partisan rigoureux du *principe de la
moindre action* que l'Être suprême suit en toutes
choses, il s'attachera à détruire toutes les forces
qui pourraient le faire dévier de la route ou pivoter sur lui-même. En suivant le mouvement de
son siècle, il se rangera vers le centre ; et, tandis
que les ambitieux chercheront à monter au haut
de la roue de la fortune, il se placera tranquil-
lement sur l'axe, pour ne pas s'exposer, comme
eux, à se trouver écrasé, au premier tour de
roue, ou à être projeté dans la poussière.

«Les corps participent au mouvement de ceux
auxquels ils adhèrent ou sur lesquels ils sont

placés. C'est pour ne pas avoir égard à cette vérité, que bien des personnes se brisent en se jetant brusquement hors d'une voiture rapidement emportée, ou bien hors d'un tourbillon politique dont elles ont partagé le mouvement.

« La ligne droite est le plus court chemin pour aller d'un point à un autre, avons-nous dit ; mais elle n'est pas la ligne de plus *vite descente* d'une position à une autre ; cette dernière ligne est courbe, et la géométrie montre que la chute est le plus sensible au point où elle commence.

« Quel que soit le chemin qu'on suive pour aller d'un point à un autre, par une suite de plans inclinés, la vitesse acquise en arrivant est la même ; ce qui semble le plus expéditif, c'est d'aller par un seul plan et en ligne droite ; le chemin est le plus court et la pente est constamment la même. D'ailleurs, dans les passages d'un plan à un autre, il y a des changements brusques qui se font toujours avec une certaine perte de forces vives, en sorte que, en définitive, on arrive moins haut qu'on ne serait arrivé par un seul et même plan.

« Quand le point d'arrivée est sur une même ligne horizontale avec le point de départ, et que la vitesse était nulle en ce dernier point, elle l'est aussi au premier ; c'est ce qui arrive aux deux extrémités de la vie ; de quelque manière que l'on ait fourni sa carrière, on a descendu autant qu'on a monté quand on arrive au tombeau ; on a même descendu plus qu'on n'a monté, s'il y a eu des changements brusques ; en sorte que le principe de M. Azaïs n'est pas entièrement vrai, il n'y a pas compensation absolue ; tout ce qu'on perd par la chute, n'a pas été gagné par la montée.

« Puisqu'il y a compensation entre ce qu'on gagne et ce qu'on perd, en montant et en descendant, le sage, pour ménager la route, suivra encore ici la ligne droite, bien persuadé qu'il arrivera le plus haut possible, avec le moins de secousses possible.

« Ce qu'on gagne en force, on le perd en temps, et réciproquement. Ce principe ne paraît pas très-favorable aux méthodes de ceux qui prétendent enseigner une science en quelques leçons.

« Je veux mouvoir cette pierre ; je puis la pousser de la main ou du pied, ou la déplacer au moyen d'un levier.

« Quand on veut agir sur un autre homme, on peut le faire immédiatement, ou bien encore par des agents intermédiaires qu'on emploie comme on use des leviers ou des poulies. On peut même leur appliquer les principes de la statique. Ainsi, en prenant votre *point d'appui* tout près du point de la *résistance* que vous voulez vaincre, vous n'aurez presque pas de force à employer pour réussir. Un solliciteur habile fait agir adroitement sur l'homme en place, un parent, un ami ou mieux encore une maîtresse.

« Quand on emploie des machines pour amplifier la force, il y a ordinairement une perte de temps plus ou moins considérable.

« Il ne faut pas oublier non plus que, dans l'emploi des machines, on doit tenir compte de la roideur des cordages que l'on fait jouer, des frottements qui enlèvent une partie de la force, des résistances des milieux, etc.

« Malgré tous ces obstacles, on conçoit qu'avec une force médiocre, on peut, en choisissant et en disposant bien ses machines, produire de très-grands effets; mais il faut de la patience et ne pas craindre de perdre du temps; il faut surtout savoir graisser convenablement les rouages et les empêcher de crier.

« L'homme adroit examinera attentivement la flexibilité de tous les rouages qu'il met en action. Il se gardera bien de prendre pour levier un bâton vermoulu qui se romprait dans la main. Il ne saurait mettre trop de soin à s'assurer de la qualité des agents intermédiaires. »

SECTION TROISIÈME.

DES QUALITÉS INTELLECTUELLES.

CHAPITRE PREMIER.

Ce qui est dû à la science, ce qui est dû à l'organisation. Qualités intellectuelles.

L'appréciation des qualités intellectuelles de l'homme présente les difficultés les plus grandes; tout en effet semble manquer pour établir nos jugements sur des bases un peu solides. Nous ne sommes pas plus d'accord sur ce qui est beau au physique que sur ce qui est bon au moral.

A tout instant on fait les méprises les plus étranges : l'intelligence portée au plus haut point et concentrée sur une question difficile de la science, est presque traitée de monomanie; et l'homme de génie, en poursuivant une grande découverte, court souvent risque de passer pour un fou. Les hommes vulgaires d'ailleurs, en se comparant à lui dans tout ce qui sort du cercle de ses études habituelles, sont fréquemment dans le cas de se donner l'avantage, et ils se trouvent dès lors disposés à nier une supériorité qu'ils ne peuvent apprécier et qu'ils regardent comme chimérique. La Fontaine, si l'on ne considère que ses œuvres, est un des premiers écrivains français; et, pour qui ne connaissait que sa personne, il passait tout au plus pour un *bonhomme.* N'est-ce pas de lui que sa garde-malade disait au père Poujet : Eh ! ne le tourmentez pas tant; il est plus bête que méchant : Dieu n'aura pas le courage de le damner.

S'agit-il des œuvres de l'intelligence? les appréciations sont tout aussi peu sûres. La généralité ne juge pas d'après des principes stables, d'après des convictions individuelles, mais d'après le goût dominant et les caprices de quelques hommes qui disposent des jugements des autres. Les littérateurs, aujourd'hui , se sont partagés en deux camps, et le public s'est groupé autour de leurs bannières. Faut-il, avec les uns, continuer notre admiration à Racine, à Despréaux? ou faut-il, avec les autres, la leur refuser et casser les arrêts prononcés par nos aïeux ?

En considérant le développement de l'intelligence d'une manière générale, on ne peut pas même, comme pour les facultés morales, s'appuyer sur un grand nombre d'observations qui compensent ce qu'il y a d'accidentel dans les faits recueillis. Tous les hommes se manifestent, au moral, par des actions bonnes ou mauvaises ; mais tous les hommes ne produisent pas des ouvrages littéraires, des tableaux, des compositions musicales, des ouvrages philosophiques.

Quelque difficile que soit l'étude qui nous occupe, je ne la crois pas absolument inabordable ; je pense même qu'on peut essayer avec succès quelques incursions sur ce terrain nouveau. Nous formulons, chaque jour, des jugements vagues, des appréciations hasardées ; peut-être parviendrons-nous à donner plus de rectitude et de précision à ces jugements.

Nous convenons tous que l'âge développe la raison. Mais quand s'arrête ce développement ? existe-t-il ensuite une époque de la vie après laquelle la raison s'affaiblit ? Quelle est cette époque et quels sont les degrés relatifs de développement aux différents âges ? Voilà bien des problèmes qui se présentent à la fois ; pourra-t-on les résoudre jamais ? Je n'ose l'assurer encore ; mais ce serait avoir fait un premier pas si l'on arrivait à des notions moins vagues que celles que nous avons jusqu'à présent.

Il faut distinguer d'abord deux choses dans nos facultés intellectuelles : ce que nous devons à la nature, et ce que nous tenons de l'étude.

Ces deux choses sont bien différentes ; quand elles se trouvent réunies et portées à un haut degré de perfection, chez un même individu, elles produisent des merveilles ; quand elles se présentent isolées, elles n'enfantent que des médiocrités. Un élève aujourd'hui, au sortir des écoles, en sait plus que ne savait Archimède, mais fera-t-il avancer la science d'un seul pas ? D'une autre part, il existe plus d'un Archimède à la surface du globe, sans qu'il ait la chance de produire son génie au grand jour, parce que la science lui manque.

Il faudrait donc pouvoir juger séparément et de l'organisation et de la science de l'homme. Ceci nous montre que, toutes choses égales, il est des talents qui ne pourront se manifester qu'après un temps plus ou moins long ; parce que la condition pour se produire, dépendra de l'acquisition d'une certaine masse de connaissances, et que cette acquisition n'est pas la même pour les différents genres de talents. Le peintre et le musicien, par exemple, ont à faire des études moins longues que le philosophe, pour arriver à leur point culminant : Raphaël et Mozart ont produit leurs chefs-d'œuvres, en sortant à peine de l'adolescence ; tandis qu'il a fallu à Molière toute la maturité de l'âge pour s'élever à la hauteur de ses ouvrages principaux.

CHAPITRE II.

Appréciation du degré de science chez les individus.

Puisque la science est un des éléments essentiels au développement de l'intelligence, selon que nous l'aurons plus ou moins cultivée nos facultés intellectuelles seront aussi plus ou moins développées. Il importe donc de pouvoir constater, chez l'homme, le degré auquel il est parvenu, sous le rapport des connaissances acquises.

Or, cette dernière appréciation peut se faire sans peine. On l'emploie avec succès dans un grand nombre de circonstances, et on en fait usage non-seulement pour les hommes considérés en masse, mais encore pour les individus isolés.

Remarquons en effet que la méthode d'interrogation suivie dans plusieurs pays pour l'admission aux écoles supérieures, est fondée sur la possibilité d'exprimer numériquement le degré de connaissances acquises. On pose aux individus soumis à l'examen une série de questions qui portent sur les différentes branches de la science; puis on estime numériquement

la valeur de chaque réponse : on représente,
par exemple, par vingt la réponse la meilleure;
par zéro, une réponse absolument mauvaise, et,
par des nombres plus ou moins grands entre
zéro et vingt, les différentes nuances que comportent les réponses. La valeur moyenne de
tous ces nombres exprime en définitive, d'une
manière très-approximative, le degré de savoir
de l'individu dans la science qui fait l'objet
de l'examen.

Cette espèce d'appréciation demande, il est
vrai, une certaine habitude; mais elle conduit
en général à des estimations plus exactes que
celles qu'on établit sans tenir compte numériquement de la valeur des réponses.

A l'école royale militaire de Bruxelles, où ce
mode d'examen est suivi par les professeurs, les
examinateurs et les répétiteurs, il n'est pas
rare de trouver une parfaite identité d'appréciation pour les mêmes élèves et le même classement pour leur mérite relatif. La moyenne,
prise sur les élèves de toute une année, établit
la *valeur* du cours. Cette appréciation a permis
de reconnaître que, depuis l'existence de l'é-
cole, la valeur d'un même cours a toujours varié dans des limites très-étroites.

Un autre résultat intéressant a pu être constaté. Certains cours sont donnés alternative-

ment, tantôt par un professeur, tantôt par un autre. Or, il se trouve, en définitive, que l'influence du professeur a été à peu près nulle sur la valeur moyenne du cours, parce que le grand nombre de répétitions et d'interrogations, qui se font en dehors des leçons, supplée aux lacunes de son enseignement.

Ces divers résultats sont établis de la manière la plus incontestable, et prouvent mieux que tous les raisonnements possibles jusqu'où peut aller l'appréciation scientifique dans ces sortes de matières. Les élèves, de leur côté, habitués à des interrogations fréquentes, finissent par acquérir une habitude assez grande pour se rencontrer souvent avec l'examinateur quant au chiffre qui leur est donné.

L'appréciation par chiffres a prévalu dans plusieurs autres examens, qui se font annuellement, sous les auspices du gouvernement belge. Il est à regretter cependant qu'elle ne soit pas adoptée dans les examens qui se font pour l'admission aux grades, devant les jurys pour les sciences, les lettres, le droit et la médecine. Sans aucun doute, elle abrégerait de beaucoup les discussions des juges.

Il existe encore à cet égard de fortes préventions qui ne pourraient être surmontées que par une expérience suffisamment prolongée et par des hommes dégagés des préjugés d'une aveugle routine.

Si, chaque année, le mérite des examens avait été traduit en nombres, on aurait, aujourd'hui, les documents les plus précieux pour se faire une idée de la force des études et de la bonté de l'enseignement supérieur.

On se borne à constater les résultats définitifs des examens. Ces résultats classent les récipiendaires en trois catégories, selon qu'ils sont *admis*, *rejetés* ou simplement *ajournés*. Or, d'après l'expérience de huit années (de 1836 à 1843 inclusivement), bien que cette expérience soit encore incomplète, on arrive à quelques conclusions intéressantes.

On trouve d'abord que les deux tiers des élèves incrits ont été reçus par les divers jurys d'examens. Les résultats des quatre universités de Gand, de Liége, de Louvain et de Bruxelles tombent, tous, au-dessus de cette moyenne; ceux donnés par les études privées restent au contraire considérablement au-dessous : en effet, la moitié seulement des élèves inscrits dans cette catégorie ont été admis. L'application de la théorie des moyennes montre, ici, à l'évidence la supériorité des études conduites d'une manière régulière sur des études faites sans lien systématique.

Les quatre universités, quand on ne fait aucune distinction des facultés, ont compté proportionnellement à peu près le même nombre d'admissions. Cette presque identité montre que le résultat indiqué n'est point accidentel.

Mais l'identité ne se soutient plus quand on sépare les facultés ; on obtient alors des différences assez notables, qui permettent de reconnaître l'influence exercée par les facultés les plus fortes.

Les exemples que je viens de citer et tous ceux que je pourrais choisir en France prouveraient, je crois, que des appréciations numériques peuvent être employées avec succès pour constater le degré de savoir des individus. Le seul point que l'on pourrait contester, ce n'est pas la valeur de la méthode, mais bien l'exactitude des observations. Mais il en est ici comme de toutes les sciences expérimentales ; il faut s'abstenir de conclure, quand on a lieu de croire les données fautives.

CHAPITRE III.

Développement des facultés intellectuelles. Productions scientifiques, littéraires, artistiques.

Si la phrénologie parvenait un jour à réaliser ses promesses, nous aurions le moyen de mesurer directement l'organisation intellectuelle de l'homme; nous posséderions, par suite, les éléments de solution d'un problème extrêmement complexe; nous saurions ce que chaque individu doit à la nature et ce qu'il doit à la science; nous pourrions même établir numériquement les valeurs de ces deux portions de son intelligence; mais nous sommes loin encore d'entrevoir même la possibilité d'un pareil résultat.

Faute de moyens de résoudre le problème à priori, il faut donc, par l'expérience et par des faits bien observés, tâcher de remonter des effets aux causes; c'est le même principe que celui dont nous nous sommes servis pour apprécier les qualités morales. Seulement, il sera difficile, pour ne pas dire impossible, de séparer les deux éléments qui concourent à produire les faits observés; nous aurons une appréciation bien moins de l'intelligence que du talent, lequel dépend à la fois de l'organisation de l'individu et de sa science acquise.

Une des études les plus curieuses qu'on puisse se proposer relativement à l'homme, concerne le développement progressif de ses différentes qualités intellectuelles ; il s'agirait de reconnaître celles qui se manifestent les premières, de constater l'époque où elles atteignent leur maximum d'énergie, et d'apprécier les degrés relatifs de leur développement aux différentes époques de la vie.

Raphaël n'avait guère plus de 22 ans quand il peignit la sacristie de Sienne; et, vers l'âge de 25 ans, il entreprit la composition de plusieurs de ses fresques les plus remarquables : la Dispute du Saint-Sacrement, l'École d'Athènes, le Parnasse et la Jurisprudence. Son imagination brillante avait pu se développer dans toute sa vigueur, malgré le temps employé pour acquérir la science nécessaire à la création de ces œuvres capitales. Ce grand artiste avait donc atteint à peu près le point culminant de son talent vers l'âge de 25 à 27 ans.

Mozart commença plus jeune encore: à l'âge de sept ans, il produisit ses premières compositions; à douze ans, il donna son premier ouvrage dramatique, *la Finta Semplice;* et, à trente-six ans, il avait accompli sa brillante carrière.

Blaise Pascal, l'un des hommes les plus extraordinaires qui aient jamais existé, était géomètre dès l'âge de 16 ans ; il se montra tour à tour profond mathématicien, physicien ingénieux, écrivain et dialecticien du premier ordre, penseur sublime ; et cette brillante existence était terminée à l'âge de trente-neuf ans. Pascal avait vécu deux ans de plus que Raphaël et trois de plus que Mozart. Ces décès prématurés semblent témoigner qu'un développement trop rapide de l'imagination avait exercé une influence fatale sur le physique.

Bien des personnes s'étonneront de voir un développement si précoce du talent mathématique ; on pourrait cependant citer de nombreux exemples de cette espèce. Lagrange avait produit son ouvrage le plus original, le *calcul des variations*, à 18 ans ; Newton, à peine âgé de 24 ans, possédait déjà, du moins le paraît-il, les découvertes qui lui ont fait le plus d'honneur par la suite. On est habitué à considérer les mathématiques comme placées en dehors du domaine de l'imagination, tandis qu'il n'existe peut-être aucune branche de nos connaissances qui exige un plus grand développement de cette faculté, pour arriver à d'importantes découvertes. D'une autre part, le savoir nécessaire pour qu'une brillante intelligence puisse se produire avec avantage sur le terrain des sciences exactes, ne suppose point de longues études, surtout s'il s'agit de découvertes plutôt que de travaux d'érudition ou de l'examen de théories déjà plus ou moins discutées par les savants.

« J'avais passé beaucoup de temps dans l'étude des sciences abstraites, dit l'illustre Pascal ; mais le peu de gens avec qui on peut en communiquer m'en avait dégoûté. Quand j'ai commencé l'étude de l'homme, j'ai vu que les sciences abstraites ne lui sont pas propres, et que je m'égarais plus de ma condition en y pénétrant, que les autres en les ignorant : et je leur ai pardonné de ne pas s'y appliquer. Mais j'ai cru trouver au moins bien des compagnons dans l'étude de l'homme, puisque c'est celle qui lui est propre. J'ai été trompé. »

En abordant l'étude des mathématiques avant celle de la philosophie, Pascal écoutait bien moins le désir de complaire aux hommes, qu'il ne suivait la loi de sa propre organisation. Un esprit aussi indépendant que le sien ne fait pas de semblables concessions. Pascal a d'abord donné carrière à son imagination, parce que c'est la première faculté qui s'est développée chez lui avec une intensité très-prononcée ; il a été physicien ensuite, puis philosophe, parce que l'esprit d'observation, en se développant à son tour, s'est attaché successivement à étudier les choses et les hommes.

Si l'on voulait y voir de près, on trouverait en général la même succession chez tous les hommes qui se sont le plus distingués. C'est l'imagination qui, d'abord, cherche à se faire jour ; elle emprunte à cet effet le langage du poëte ou celui du mathématicien, selon l'allure plus ou moins sévère de l'esprit. Le jeune De Candolle s'occupait de poésie avant que son talent d'observateur se fût complétement révélé à lui. Il en était de même d'Ampère qui préludait par des poésies et des recherches mathématiques aux profondes conceptions du physicien, ainsi qu'à des travaux philosophiques. Jean-Jacques Rousseau, en arrivant à Paris, n'y apportait que des poésies et des combinaisons mathématiques qu'il cherchait à introduire dans l'art musical. Ces exemples sont si nombreux, qu'on les rencontre dans presque toutes les biographies.

On trouve, au contraire, peu d'hommes qui aient abandonné les sciences d'observation ou les études philosophiques, pour s'appliquer aux arts d'imagination, à la poésie ou aux mathématiques pures. Si j'excepte quelques jeunes gens, poussés par leurs parents dans une carrière qui n'allait point à leur organisation intellectuelle, je chercherais vainement, je crois, des exemples un peu remarquables de pareilles transitions. On citera peut-être le brillant écrivain de *Paul et Virginie*, l'élégant interprète des Études et des Harmonies de la nature; mais il est permis de douter que Bernardin de Saint-Pierre se fût sérieusement occupé des études qui font l'ingénieur géographe. Je n'en veux d'autres témoignages que ses étranges théories sur la forme de notre globe et sur les causes des marées.

Plusieurs des hommes qui se sont le plus distingués dans la carrière de l'imagination, ont cultivé simultanément les différentes branches des connaissances qui s'y rattachent. Je citerai l'exemple des Léonard de Vinci, des Michel-Ange, des Albert Dürer, des Rubens; ces grands artistes n'étaient pas seulement peintres, ils s'étaient occupés de poésie, de mathématiques, de musique, d'architecture, d'optique, etc. Albert Dürer et Léonard sont rangés parmi les plus grands géomètres de leur époque. Ce n'est que dans nos temps modernes, que l'on s'est pris à répéter que les mathématiques ne supposent pas le développement de l'imagination.

Quant à ceux qui cultivent exclusivement la

poésie, les mathématiques ou les beaux-arts, on voit leur talent se modifier avec l'âge et subir des transformations qui se succèdent à peu près constamment dans le même ordre. Ainsi, le mathématicien commence par des recherches de mathématiques pures ; il passe plus tard aux applications, au perfectionnement des méthodes ; puis enfin, à l'examen métaphysique de ces mêmes méthodes. Il manie d'abord hardiment l'arme du calcul ; il en examine ensuite le tranchant, et finit par en approfondir la théorie. Il semble que ce ne soit pas là l'ordre naturel des choses ; et pourtant on marche aussi, sans avoir appris d'abord la science de l'équilibre.

Le peintre, le statuaire, le musicien produisent, dans leurs débuts, des ouvrages plus brillants par la forme que solides par la pensée ; ils s'occupent ensuite de donner plus de style à leurs conceptions ; leurs ouvrages sont mieux combinés, plus savamment composés, mais souvent c'est aux dépens de la verve et de l'originalité.

Le talent poétique prend aussi plus ou moins tardivement son essor, selon le genre de composition dont on s'occupe. Le poëte tragique dont les passions et une imagination vive sont les principaux éléments de succès, peut arriver plus tôt au complet développement de son talent,

que le poëte qui consacre son génie à la haute
comédie et à la peinture des mœurs. Il ne
suffit pas en effet, pour ce dernier, d'avoir une
imagination riche et de posséder parfaitement
toutes les ressources de sa langue ; il doit avoir
encore un puissant esprit d'observation, qui est
l'apanage de l'âge mûr bien plus que de la jeunesse. Molière, lui-même, n'a commencé à produire ses œuvres capitales que vers l'âge de 46
ans, époque où il donna le Misanthrope , le
Tartufe, l'Avare, le Bourgeois gentilhomme ; les
Femmes savantes ne furent composées que vers
la fin de sa vie.

L'imagination est donc l'une de nos facultés
intellectuelles qui se développent les premières,
l'observation et la réflexion dominent plus tard ;
et, plus tard encore, se manifeste le génie philosophique qui ne s'arrête plus à l'examen d'objets purement matériels, mais qui veut se rendre compte des principes des choses et s'enfoncer
dans toutes les abstractions métaphysiques.

Nous verrons bientôt que l'histoire des sciences assigne au développement de l'esprit humain, considéré de la manière la plus générale, les mêmes phases qu'au développement
de l'intelligence de l'individu.

La mémoire est peut-être la faculté qui, dès
notre enfance, se manifeste avec le plus d'inten-

sité. Néanmoins, si nous voulons faire un appel à nos premiers souvenirs, nous trouverons qu'ils ne remontent guère au delà de l'âge de trois à quatre ans. Cette faculté précieuse est un des éléments les plus essentiels pour l'acquisition de nos connaissances ; c'est aussi l'un des éléments que nous perdons le plus tôt. La mémoire des noms semble nous quitter la première ; et vers l'âge de quarante-cinq ans, beaucoup de personnes en font déjà la triste expérience.

La mémoire se développe plus tôt que l'imagination, qui ne fait que reproduire en quelque sorte les éléments acquis par la mémoire, pour en déduire ou des conceptions scientifiques ou des images que la littérature et les arts savent mettre à profit. La raison exige un temps plus long pour arriver à sa maturité.

On pourrait dire que le développement des facultés intellectuelles se fait successivement dans un ordre toujours le même, chez les différents êtres de la création ; mais qu'il est plus ou moins complet, selon leur organisation plus ou moins parfaite. On ne saurait contester la mémoire aux animaux ; on peut leur refuser l'imagination et surtout le raisonnement.

CHAPITRE IV.

Influence de l'âge sur le développement du talent dramatique.

J'ai essayé, dans un autre ouvrage, d'étudier comment se fait le développement du talent dramatique, et de rechercher par quels degrés il passe successivement pour arriver à son point culminant. Mes recherches ont eu particulièrement pour objet le théâtre français et le théâtre anglais ; et je n'ai tenu compte que des ouvrages qui sont restés à la scène.

J'ai pu constater ainsi, qu'en France le talent dramatique ne se manifeste qu'après l'âge de 20 ans, qu'il se développe ensuite avec énergie vers l'âge de 30 ans, continue à croître, atteint un maximum et se soutient avec assez de vigueur jusque vers l'âge de 50 à 55 ; il diminue alors sensiblement, surtout si l'on a égard à la valeur des ouvrages produits.

En Angleterre, il suit à peu près exactement les mêmes phases, seulement il est un peu plus précoce qu'en France ; les auteurs entrent un peu plus tôt dans la carrière dramatique et arrivent aussi plus tôt au complet développement de leur talent. On conçoit que cette pré-cocité de quelques années peut tenir au carac-tère des études nationales, à la facilité de faire représenter les ouvrages sur la scène et à bien d'autres causes. Il est aisé de reconnaître néan-moins que les phases du développement sont les mêmes, que le génie producteur se manifeste vers 20 ans et commence à baisser insensible-ment vers 55 ans, après avoir passé par un état maximum.

C'est entre 20 et 55 ans qu'ont été produits tous les chefs-d'œuvre de la scène française ; en dehors de ces limites, on ne trouve plus que des ouvrages de second ordre ; et il en est de même en Angleterre. Ces trente-cinq années forment donc, en quelque sorte, la carrière de l'auteur dramatique.

J'ai déjà fait remarquer que le talent de l'auteur tragique arrive à sa maturité plus tôt que celui du poëte qui consacre son talent à la haute comédie. Pour le premier, le maximum se prononce entre 30 et 40 ans ; et, pour le second, entre 40 et 55. Cette observation sub-siste non-seulement en ayant égard à la fécon-dité du talent, mais encore au mérite des ou-vrages.

La méthode que j'ai suivie pour constater ces résultats, suppose qu'on ait égard à la fois

au nombre et à la valeur des ouvrages produits
à chaque âge. C'est la méthode indiquée par le
bon sens, mais régularisée autant que possible
par la science.

Ces résultats, une fois connus, semblent
pouvoir s'expliquer de la manière la plus naturelle. La tragédie met plus particulièrement
en jeu les passions et l'imagination du poëte;
la comédie exige un développement plus grand
de la raison, une connaissance plus approfondie
des hommes et cet esprit calme que l'observateur ne peut guère posséder qu'après avoir vu
s'amortir le jeu de ses propres passions.

CHAPITRE V.

Excès du travail nuisible. — État d'équilibre. — Aliénation mentale. — Morts prématurées.

Il est un état d'équilibre nécessaire entre nos facultés intellectuelles et nos facultés physiques. Quand cet état existe, l'homme produit intellectuellement tout ce qu'on peut attendre d'une brillante organisation, sans qu'il y ait maladie par excès ou par défaut; quand au contraire l'équilibre est rompu, ses facultés souffrent et sont exposées à des maladies spéciales qui méritent, par cela même, toutes nos études.

Un développement trop prononcé de notre physique rend l'intelligence paresseuse et souffrante; trop peu de développement, surtout si le système nerveux vient à prédominer, donne à notre intelligence une surexcitation qui peut lui devenir funeste. Ce n'est pas sans raison que l'on insiste sur l'adage *mens sana in corpore sano.*

C'est particulièrement sur l'enfance, époque où se fait le développement des facultés les plus précieuses de l'homme, qu'il faut étendre une sollicitude éclairée; il faut alors donner de la rectitude au coup d'œil, de la finesse au tact, de la justesse à l'ouïe. Quand ces organes ont été exercés avec prudence, l'enfant conçoit avec plus de facilité, et ses facultés intellectuelles se prononcent avec plus d'harmonie et de force.

L'irréflexion et la vanité des parents font qu'on suit généralement une marche tout opposée. On a hâte de saisir les premiers indices du développement de l'intelligence, on s'applaudit de voir s'épanouir un esprit précoce, et l'on ignore presque toujours à quel prix on achète ces satisfactions de l'amour-propre.

L'entendement porté à sa maturité avec trop de précipitation, détruit le physique. Les jeunes plantes élevées en serre chaude portent promptement leurs fruits et dépérissent après avoir satisfait une curiosité trop impatiente. De même la plupart des jeunes prodiges qui ont été offerts à l'admiration des hommes, ont fini par avorter après avoir excité pendant quelque temps un étonnement peu réfléchi; et ceux dont l'intelligence ne s'est pas complétement arrêtée, ont succombé à une mort prématurée. On ne bouleverse pas impunément les lois de la nature.

Le défaut de culture de l'esprit produit d'autres inconvénients; il laisse bien souvent au physique une prédominance fâcheuse, ou bien il lâche la bride à des passions désordonnées. En général, le manque de développement de l'intelligence porte obstacle au développement des qualités physiques, il ne permet pas à la physionomie de prendre de l'expression et de la noblesse, à nos membres d'acquérir de la souplesse et de la grâce, à notre démarche d'avoir cet aplomb et cette majesté qui accusent le roi de la création. C'est avec raison que la Bruyère a dit : « Il n'y a rien de si délié, de si simple et de si imperceptible, où il n'entre des manières qui nous décèlent. Un sot ni n'entre, ni ne sort, ni ne s'assied, ni ne se lève, ni ne se tait, ni n'est sur ses jambes, comme un homme d'esprit (1). »

Il existe donc, pour chaque intelligence, un certain degré de développement qu'il ne faut pas chercher à dépasser. Je vais même plus loin, et je maintiens que les trois principaux éléments de l'homme, les facultés physiques, morales et intellectuelles, sont tellement liées, tellement dépendantes les unes des autres qu'on ne saurait agir sur elles séparément. Il se présente donc ici un problème de maximum d'effet, qui consiste à rechercher dans quel rapport les facultés doivent être généralement développées :

(1) *Les Caractères,* chap. ii, Du mérite personnel.

je dis généralement, parce que ce rapport ne peut
être le même en passant d'un individu à un autre. Chez l'un, il faut exercer plus particulièrement le physique; chez l'autre, c'est le moral ou
l'intelligence. S'attacher à développer un élément seulement sans consulter les deux autres,
c'est s'exposer à produire les résultats les plus
fâcheux.

Une maladie affreuse frappe l'homme dans le
trop ou le trop peu de développement de son
intelligence. Pendant longtemps on a désigné
sous le nom de folie, tous les dérangements auxquels notre raison est exposée; on a mieux
compris plus tard qu'il est essentiel de distinguer l'idiotisme de l'aliénation mentale ; ce
sont en quelque sorte les deux états extrêmes
entre lesquels flotte notre intelligence.

L'idiotisme est un manque de développement
intellectuel, produit souvent par une organisation physique vicieuse; il se distingue de la démence qui est l'affaiblissement de la raison,
occasionné par la vieillesse ou par des excès.

L'aliénation mentale au contraire est une
surexcitation, un état de l'intelligence qui dépasse la portée de notre organisation physique.
Cette surexcitation est d'ordinaire d'autant plus
aiguë qu'elle se concentre davantage sur un
même objet; de là, les idées fixes, la monomanie.

Si notre distinction est exacte, l'idiotisme et la démence doivent se rencontrer aux deux extrémités de la vie : d'une part, dès l'enfance, l'intelligence est dominée par la matière, et désormais tout remède est impossible; de l'autre, l'intelligence affaiblie cesse également d'être en équilibre avec le physique et se trouve hors d'état d'exercer ses fonctions.

Pour ce qui concerne l'aliénation mentale, on la rencontre souvent chez les organisations intellectuelles les plus heureuses, au plus bel âge de la vie, et quand notre esprit est dans sa plus grande activité. D'après les documents de plusieurs pays, j'ai trouvé que l'aliénation mentale marche à peu près parallèlement avec le développement de la raison, et que c'est aussi entre 30 et 55 ans qu'elle se manifeste avec le plus d'intensité et cause les maladies dont la guérison rencontre le plus d'obstacles.

Ce rapprochement est curieux sous plus d'un rapport; par exemple, à l'âge de 45 ans, nos facultés mentales flottent entre des limites plus ou moins étendues; tantôt elles s'exercent très-médiocrement, tantôt avec beaucoup d'activité, et plus souvent d'une manière modérée et dans un état d'harmonie avec notre organisation. Ce dernier état s'observe chez la généralité des hommes; et, plus on s'écarte de l'état normal, plus

les exceptions deviennent rares. Il nous serait
impossible de grouper un grand nombre
d'hommes d'après la grandeur des écarts de
leur raison par rapport à l'état normal, mais tout
porte à croire que nous retrouverions, encore
ici, un classement analogue à celui donné par
la loi des causes accidentelles. On conçoit du
reste que les écarts ne peuvent être estimés
que relativement ; ce qui est écart pour l'un est
un état très-modéré pour l'autre ; il en est des
forces de l'esprit comme de celles du corps.

La loi des causes accidentelles existerait donc
pour les facultés mentales, comme pour les facultés physiques. Chaque individu présenterait un écart plus ou moins grand par rapport à l'état moyen ; et l'ensemble de ces écarts
serait subordonné à la loi de continuité que
nous avons déjà rencontrée dans tout ce qui
tient à notre espèce. L'homme même, pris dans
son individualité, a un développement intellectuel plus ou moins prononcé dont il s'écarte à
chaque instant, soit en plus soit en moins ; mais
ces écarts sont généralement faibles, et se trouvent sous l'influence de causes accidentelles
dont ils subissent aussi la loi.

Il est une distinction qu'il importe de faire
par rapport aux états extrêmes de l'intelligence.
Parmi les individus qui naissent, il s'en trouve

probablement autant qui pèchent par défaut d'intelligence et qui sont destinés à rester idiots, que d'autres qui pèchent par un excès contraire, et par une tendance trop forte à laisser prédominer l'intelligence sur le physique ; ceux-ci succombent d'une manière prématurée et à des époques peu éloignées de la naissance, tandis que les premiers sont destinés à végéter et à vivre de la vie animale.

Si nous considérons l'homme pendant le cours de son existence, nous aurons à faire la même remarque. Quelquefois son intelligence s'écarte de beaucoup de ces limites ordinaires, soit en moins, soit en plus ; or, on ne voit pas que les écarts extrêmes en moins aient de graves conséquences, tandis qu'il n'en est pas de même des écarts en plus qui produisent les fièvres cérébrales, les aliénations mentales et quelquefois la mort même. L'antagonisme qui s'établit entre la vie animale et la vie intellectuelle, quand elles rompent leur harmonie habituelle, ne se fait donc pas avec les mêmes chances d'accidents. Dans ses écarts en moins, l'intelligence ne tue point le physique, comme elle le fait assez généralement dans ses écarts en plus. Est-ce parce qu'en sortant de nos limites habituelles, nous rencontrons encore, d'une part, des êtres vivants dont nous partageons la vie animale? tandis que, de l'autre part, nous ne saisissons plus rien qui ait des rapports avec nous ; il faudrait sortir de l'humanité et nous élever au-dessus de la chaîne des êtres qu'embrasse la création.

LIVRE DEUXIÈME.

DES SOCIÉTÉS.

SECTION PREMIÈRE.

DE L'ÉTAT PHYSIQUE.

CHAPITRE PREMIER.

Des liens qui unissent les hommes entre eux.

L'homme se trouve presque constamment sous l'empire de deux sentiments opposés : le besoin d'affection et d'appui qui le rapproche des autres hommes, et l'égoïsme qui tend sans cesse à l'isoler.

Dans cet état d'antagonisme, les forces attractives qui portent les individus à s'unir entre eux, finissent généralement par exercer une prépondérance qui détermine différentes espèces de combinaisons. La plus simple et la plus naturelle est sans contredit celle de la famille ;

on la retrouve à toutes les époques et chez tous les peuples. Quelquefois même les liens de famille s'établissent avec une intensité si forte qu'ils absorbent, jusqu'à un certain point, l'individu et entravent sa libre faculté d'agir. La *vendetta,* chez le Corse, montre jusqu'à quel point les exigences de parenté peuvent être impérieuses et tyranniques.

Je ne m'arrêterai pas à rechercher quels sont les différents genres d'agrégation qui peuvent réunir les hommes entre eux, ni les causes qui les font naître. Je me bornerai à parler de la combinaison la plus importante pour le genre d'études qui nous occupe, de celle que présente un peuple ou plutôt une nation. La conformité d'origine, de mœurs, de langue, de religion, de souvenirs historiques, l'occupation d'un même territoire, la crainte des mêmes dangers, le besoin d'un appui mutuel, telles sont ordinairement les principales bases d'une pareille combinaison.

Une nation est donc un corps composé d'éléments homogènes qui fonctionnent avec unité et qui sont animés d'un même principe vital. Ce corps naît, se développe, passe par les différentes phases que présentent les êtres organisés, et paye comme eux son tribut à la mort. Pour le bien connaître, il faut l'étudier comme nous avons étudié l'homme isolé, sous le triple rapport des qualités physiques, morales et intellectuelles.

Nous aurions à considérer comment les peuples naissent, comment ils grandissent; à quels signes on reconnaît leur état plus ou moins prospère; comment on apprécie leur force physique et morale, le caractère qui les distingue à chaque âge; enfin, dans quelle période de temps se trouve limitée leur vie moyenne.

Je ne puis avoir la prétention de résoudre ces différents problèmes, mais leur examen pourra sans doute suggérer quelques remarques intéressantes.

CHAPITRE II.

Ce qui constitue un peuple, une nation, un État.

Quand une nation se révèle, elle a déjà en elle-même le principe de vie nécessaire pour assurer son existence et la défendre au besoin.

Une nation ne se forme pas toujours d'éléments homogènes; assez souvent, au contraire, elle est le résultat de l'invasion et du mélange des vainqueurs et des vaincus. Sur les débris d'un peuple qui périt, il se forme un peuple nouveau. L'enfantement peut être plus ou moins long, plus ou moins difficile; il faut que le temps ait pu calmer les passions et effacer la ligne de démarcation entre les oppresseurs et les opprimés.

Chacun alors consent à sacrifier, dans l'intérêt de tous, une partie de son individualité. Ce qu'il engage de la sorte, il l'acquitte avec d'autant plus d'exactitude qu'il sent davantage la nécessité de maintenir l'unité, et de donner de la force au gouvernement pour écarter les dangers communs. Un pareil pacte ne se conclut pas d'une manière solennelle ; il s'établit en quelque sorte à l'insu de ceux qui le contractent. Chacun veut jouir paisiblement de ce qu'il a et de la portion de liberté qu'il s'est réservée. C'est quand on se croit sûr de ces garanties, que l'esprit public se refroidit et que l'égoïsme se réveille ; c'est alors que la nation, privée du tribut que lui devait chaque citoyen, perd successivement de sa force et voit se multiplier les chances d'une ruine prochaine.

Une nation peut, sans cesser d'exister, changer la forme de son gouvernement ; c'est ainsi que la nation romaine a vu se succéder la royauté, la république et l'empire ; elle peut aussi se fractionner en différents États, comme anciennement la nation grecque et, dans les temps modernes, la nation allemande.

Quelquefois la formation d'un *État* est le résultat d'arrangements politiques auxquels le peuple n'a pris aucune part. Le peuple nouveau, uni par des liens qu'il doit à des mains étrangères ou à un pouvoir oppresseur, est moins disposé à les respecter ; ceux qu'il doit à la nature ou à une origine commune et qui constituent la *nation*, exercent une influence plus profonde et plus durable. Le peuple grec se divisait en différents États, mais il formait toujours une seule et même nation ; de même la nation italienne, bien que morcelée, a toujours conservé une tendance à rétablir son unité.

L'instinct de conservation qui forme les agrégations d'hommes et qui est le premier germe de la nationalité, unit quelquefois plusieurs peuples entre eux, quand ils se trouvent en présence d'un ennemi commun qui menace leur existence. C'est ainsi que les peuples chrétiens se liguaient, au moyen âge, pour repousser les invasions des Sarrasins; c'est ainsi qu'ils se sont unis, plus tard, pour combattre les progrès de l'islamisme.

Pour qu'une nation soit puissante, il faut que toutes les parties de ce grand corps fonctionnent dans un juste équilibre ; il faut que les membres agissent avec harmonie, dès que l'intelligence qui les dirige leur imprime le mouvement. C'est avec cette organisation vigoureuse que la nation grecque, malgré l'infériorité du nombre, a successivement vaincu toutes les armées asiatiques qui fondaient sur elle ; c'est ainsi que Rome est devenue la maîtresse du monde.

Une des premières conditions d'une existence durable chez un peuple, c'est la forme de son gouvernement. On conçoit que, parmi toutes les combinaisons politiques, il en est une qui lui convient mieux que toutes les autres et qui, avec le moins de sacrifices possible pour les individus, leur procure toutes les garanties désirables. Selon que le législateur s'en écarte plus ou moins, il rend aussi plus ou moins problématiques les conditions de stabilité de la nation dont les destinées lui sont confiées.

Comme tous les peuples n'ont pas les mêmes besoins, il en résulte aussi qu'ils n'ont pas les mêmes sacrifices à faire. Ces besoins dépendent du territoire qu'ils occupent, du degré de maturité où ils sont parvenus, de leur caractère particulier et d'une infinité d'autres causes.

Il n'existe sous ce rapport rien d'absolu ; telle constitution politique qui convient à un peuple, serait essentiellement nuisible à un autre ; il y a plus, elle peut être parfaitement appropriée à un peuple à peine naissant et ne pas lui convenir à une autre époque de son existence. Les peuples, comme les individus, changent de besoins selon les différents âges.

L'expérience semble prouver que le gouvernement monarchique est celui qui convient le mieux à une nation naissante. L'activité de la vie, pendant la jeunesse, se concentre davantage sur un même point. Les plus anciens empires, et particulièrement ceux d'Assyrie et d'Égypte, ont été gouvernés par des rois pendant toute leur longue existence. Les républiques de la Grèce ont aussi commencé par le gouvernement monarchique et il en a été de même de la nation romaine.

Les premiers âges des peuples modernes présentent la même forme gouvernementale ; le pouvoir se trouve généralement réuni dans une seule main ; chez quelques-uns, dans un âge plus avancé, le pouvoir tend à se diviser ; les gouvernements constitutionnels forment une espèce d'intermédiaire entre la monarchie et la république.

On objectera peut-être que les États-Unis d'Amérique ont débuté par le gouvernement républicain ; mais il est à remarquer que le peuple n'était pas essentiellement nouveau ; il faut le considérer plutôt comme une fraction de la nation anglaise qui, parvenue à l'âge adulte, s'est émancipée et détachée avec violence de la mère patrie.

Quand un peuple vieillit et se désorganise, on remarque, en général, la même faiblesse et les mêmes besoins que ceux de l'enfance ; le pouvoir se replace encore dans une seule main. Rome a fini comme elle avait commencé, par reconnaître des maîtres sous d'autres noms.

J'ai déjà fait observer que chacun sacrifie,

comme membre de l'État, une partie de sa liberté individuelle ; cette partie est plus ou moins grande, et le sacrifice est fait en échange de la protection qui lui est accordée pour sa personne et pour ses biens. Pour que le contrat soit équitable, il faut que le bénéfice réponde au prix payé pour l'obtenir. On engage une partie de sa liberté, pour jouir avec sécurité de l'autre.

Que m'importe de vivre sous un gouvernement libre, si la liberté est telle qu'elle touche de près à la licence, si chacun se rapprochant de l'état de nature peut me porter préjudice, sans que les lois aient la force nécessaire pour me donner protection!

D'une autre part, la protection pour ma personne et mes biens peut être très-puissante, mais ma liberté individuelle être tellement circonscrite, qu'elle se trouve à peu près aliénée.

Dans les gouvernements représentatifs on a placé à côté du pouvoir exécutif, sous les noms de députés ou de représentants et de pairs ou de sénateurs, des défenseurs de l'élément démocratique et de la propriété. Ils sont chargés de peser avec équité ce que chaque individu doit au gouvernement.

Il n'existe pas d'État possible avec une liberté individuelle illimitée. Mais si, d'un côté, l'ins-

tinct de conservation nous prescrit de nous
soumettre aux lois et de n'aliéner qu'une partie
de notre liberté dans notre propre intérêt; de
l'autre, la nature et notre diignié nous disent
de faire que cette partie soit aussi faible que
possible. C'est donc à l'atténuer que doivent
tendre tous nos efforts, pourvu que la force de
l'État ne soit pas compromise.

Il est nécessaire aussi qu'un État soit non-
seulement fort au dedans, mais encore respecté
au dehors, car de là dépend la considération
dont jouiront à l'étranger les individus dont il
se compose. Il en est des peuples comme des
familles : on ne s'y attache véritablement que
quand il y a honneur à leur appartenir. Ceux
qui ne peuvent se distinguer par la puissance,
par la richesse ou par d'anciens souvenirs historiques, doivent chercher à se concilier l'estime par le développement de l'industrie, des
sciences ou des beaux-arts. Les peuples les plus
puissants de la terre n'ont jamais permis qu'on
portât atteinte à leur pavillon, parce qu'ils
sentaient qu'affaiblir leur puissance morale, c'é-
tait relâcher un des liens les plus sûrs de leur
existence.

Qu'importe qu'un lambeau de soie, fixé à
l'extrémité d'une lance, soit placé un peu plus
haut ou un peu plus bas qu'un autre; mais,

quand ce lambeau est le signe de ralliement d'un peuple, il en est tout autrement, et plutôt que d'en abandonner un pouce, l'on sacrifierait des milliers d'hommes et l'on exposerait à la dévastation les plus belles provinces : tant l'o pinion a de puissance et tant elle demande à être respectée.

CHAPITRE III.

De la grandeur des États.

Un État, pour se trouver dans les circonstances les plus favorables, doit se tenir resserré dans de justes limites. Dans un corps
trop grand, la vie circule avec peine jusqu'aux
extrémités; l'administration devient difficile;
le gouvernement se trouve insuffisant pour prévenir tous les besoins; il faut employer un
nombre considérable de rouages intermédiaires
qui compliquent la machine et l'empêchent de
fonctionner avec harmonie et promptitude.

D'une autre part, un État trop petit ne peut
protéger ses membres avec toute l'efficacité désirable; il devient, sous beaucoup de rapports,
tributaire de ses voisins, en sorte que les bénéfices que les individus sont en droit d'attendre
de l'État, deviennent à la fois très-problémati-
ques et très-onéreux.

Il arrive aussi que les États trop resserrés
sont dans l'impossibilité d'exécuter de grandes
choses qui, en dehors des avantages qu'en re-
tirent les particuliers, servent encore au bien-
être de l'humanité.

« Comme la nature a donné des termes à la stature d'un homme bien conformé, passé lesquels elle ne fait plus que des géants ou des nains, il y a de même, a dit J. J. Rousseau (1), eu égard à la meilleure constitution d'un État, des bornes à l'étendue qu'il peut avoir, afin qu'il ne soit ni trop grand pour être bien gouverné, ni trop petit pour pouvoir se maintenir par lui-même. Il y a, dans tout le corps politique, un *maximum* de force qu'il ne saurait passer et duquel souvent il s'éloigne à force de s'agrandir. Plus le lien social s'étend, plus il se relâche; et, en général, un petit État est proportionnellement plus fort qu'un grand. »

Les preuves que le philosophe genevois apporte à l'appui de son opinion, sont exposées avec force et précision. Il serait, du reste, impossible, comme on le conçoit, de fixer une grandeur absolue qui devrait être appliquée également à tous les États. Cette uniformité parmi les peuples serait moins naturelle encore qu'une uniformité de grandeur parmi les individus; c'est qu'en dehors des convenances qui règlent les limites, il faut consulter encore d'autres éléments, tels que le territoire, les mœurs, la religion.

____

(1) *Contrat social,* chap. ix.

Un peuple dont le territoire borde la mer, et qui, par ses vaisseaux, peut, en quelque sorte, s'étendre indéfiniment, sentira moins le besoin de reculer ses limites du côté de la terre. S'il se trouve resserré au milieu des montagnes, il se bornera à ses frontières naturelles, sans chercher à en établir de conventionnelles, dont la conservation serait moins sûre.

Si des circonstances fortuites présidaient seules à la formation des États et en fixaient les limites, on arriverait à cette conséquence remarquable qu'il existerait en définitive une grandeur moyenne appropriée aux besoins des hommes, et que tous les États ne s'éloigneraient de ce territoire type que par des différences en plus et en moins, susceptibles d'être déterminées *à priori*. Leur étendue serait réglée par la loi des causes accidentelles, dont l'application est si féconde dans tous les phénomènes relatifs à la nature et à l'ordre social. Mais un pareil état de choses ne peut exister dans la réalité. Les États sont trop peu nombreux, et les causes accidentelles qui déterminent leurs limites trop multipliées, pour que leurs effets puissent se compenser.

La forme la plus avantageuse semblerait être la fédération entre un grand nombre de petits États, si l'expérience ne prouvait que la fédération n'est guère possible que chez des peuples parfaitement homogènes et où le besoin d'union maintient encore la force. D'ailleurs, de pareils liens ne s'établissent qu'au prix de certains sacrifices; et il se trouve, en définitive, que les libertés individuelles reconnaissent deux dépendances au lieu d'une.

CHAPITRE IV.

Durée moyenne des nations et des États.

Tous les êtres organisés parcourent le cycle de leur existence, en présentant à peu près les mêmes phases. Ce cycle, pour chacun d'eux, est plus ou moins long, et ne semble avoir de rapport direct ni avec leur grandeur ni avec aucune autre de leurs qualités physiques. Il en est de même des peuples; la durée de leur existence est très-inégale : les uns apportent en naissant le germe d'une prochaine dissolution : d'autres, au contraire, doués d'une constitution robuste, résistent avec énergie à toutes les chances de destruction. Si l'on considère, cependant, les nations sous un point de vue général, on trouvera qu'elles ont une vie moyenne, dont on peut assigner la longueur. Je n'entreprendrai pas d'établir ici ce calcul, quelque intérêt qu'il puisse présenter; je me bornerai à jeter un coup d'œil rapide sur la durée des principaux empires, et à essayer de faire un pas vers la solution d'un problème intéressant.

Je considérerai d'abord deux des empires les plus anciens dont l'histoire fasse mention,

puisque leur origine remonte à peu près à l'é-
poque du déluge : ce sont l'empire des Assyriens et celui d'Égypte.

La fondation du premier empire est attribuée
à Assur, petit-fils de Noë, et remonte à 2347 ans
avant Jésus-Christ. Après une durée de 1580
ans, cet empire fut détruit par Arbace, qui con-
traignit Sardanapale à se renfermer dans Ni-
nive et à se donner la mort.

La succession des rois d'Égypte, d'après Rol-
lin(1), remonte à Menès ou Mesraïm, fils de Cham,
environ 2188 ans avant Jésus - Christ. On sait,
d'une autre part, que l'empire d'Égypte fut
détruit après le roi Psammenit, et passa sous
la domination des Perses, après avoir existé
pendant 1663 années. « C'est, comme le remarque Bossuet (2), une assez belle durée d'a-
voir subsisté pendant seize siècles. »

Les deux plus anciens empires, dont les débris subsistent encore, ont donc eu à peu près
la même durée, et tous deux ont été constamment gouvernés par des rois.

Le peuple juif mérite à son tour de fixer
l'attention et par son ancienneté et par le rôle
qu'il a joué dans l'histoire. Quarante ans après

(1) *Histoire ancienne*, tome 6, p. 662, table chronologique.
(2) *Discours sur l'Histoire universelle*, 3° partie, chap. III.

sa sortie d'Égypte et 1451 ans avant Jésus-
Christ, il s'établit dans la terre promise, y constitua un État, et Josué, sous le titre de juge,
devint son premier chef. Après avoir subi différentes vicissitudes et avoir vu son territoire réduit en province romaine, le peuple juif se
révolta et fut vendu comme esclave, 71 ans
après Jésus-Christ. En sorte qu'il faut compter
1522 ans pour la durée de son existence comme
nation.

Le peuple grec se constitua en État à peu
près vers la même époque que le peuple juif.
La fondation du royaume d'Athènes, en effet,
remonte à environ 1556 ans avant Jésus-Christ,
et celui de Lacédémone à 1520. C'est aussi vers
la même époque que Cadmus quitta la Phé-
nicie et Pélops l'Asie-Mineure, pour venir s'établir en Grèce; en sorte qu'on peut reporter à
ces temps reculés l'origine de la nation grecque, qui fut réduite en province romaine 146
ans avant Jésus-Christ. La durée de la Grèce,
comme État indépendant, a donc été de 1410
années.

L'empire romain, dont les développements
ont été si considérables et qui semblait avoir
pour mission la destruction des autres empires,
a duré moins de temps encore. Son origine
remonte à 654 ans avant l'ère chrétienne, et sa

ruine a été consommée 475 ans après cette même ère. Sa durée a donc été de 1129 ans.

Si maintenant l'on compte 1580 ans pour durée de l'empire des Assyriens, 1663 pour les Égyptiens, 1522 pour les Juifs, 1410 pour les Grecs, et 1129 pour les Romains, on trouvera que la durée moyenne de ces cinq empires qui ont eu le plus de retentissement dans l'histoire, a été de 1461 ans. Un rapprochement assez singulier, et qui est purement accidentel, c'est que cette même durée constitue exactement la période *Sothiaque* ou le cycle caniculaire des Égyptiens; c'est dans la longueur de ce cycle qu'était renfermée l'existence du Phénix. Cet oiseau, en renaissant de sa cendre, formait l'emblème de la coïncidence qui se rétablissait entre les années des Égyptiens et celles des Indiens.

Les nations ont nécessairement une durée plus longue que les États; elles périssent d'ordinaire à la suite d'invasions étrangères et en passant sous d'autres lois. Il peut arriver aussi qu'une nation cesse d'exister, sans que le peuple périsse. Le peuple juif en est un exemple; il a conservé ce qui constitue une nation, moins ses magistrats et ses lois, moins son territoire qu'il a dû abandonner.

La Grèce a passé par deux espèces d'États:

elle a vécu pendant 556 ans sous des rois, et pendant 854 sous la république.

Rome a connu la royauté pendant 145 ans, la république pendant 478 et l'empire pendant 506 ans.

Le peuple juif a également vu se succéder trois espèces de gouvernements : celui des juges pendant 476 ans, celui des rois pendant 920, et celui de la république pendant 121 ans.

Les trois empires qui se sont formés sur les débris de l'ancien empire des Assyriens, ont duré, tous trois, pendant 211 ans, jusqu'à l'époque où Cyrus fonda l'empire des Perses, qui, à son tour, dura pendant 206 années (1).

La durée moyenne des dix formes de gouvernement dont il vient d'être question, est de 448 ans ; ce qui constitue un peu plus du tiers de l'existence de chacune des cinq nations dont il a été parlé en premier lieu.

Si nous considérons les villes anciennes qui se sont établies avec le plus d'éclat pendant l'antiquité, nous trouverons successivement Tyr, Carthage et Syracuse. Or, l'histoire de Rollin nous fournit les données suivantes.

L'ancienne Tyr, fondée 1252 ans avant l'ère chrétienne, fut prise et détruite par Nabucho-

______

(1) Rollin, *Histoire ancienne*, tóme 6, tableau chronologique, p. 672.

donosor, roi des Assyriens, 572 ans avant la même ère, et conséquemment après une existence de 680 ans. Ses habitants se retirèrent dans une île voisine où ils construisirent une ville nouvelle, qui fut prise successivement par Alexandre le Grand et par Antigone. Ce dernier événement eut lieu, l'an 259 avant Jésus-Christ. Il abaissa la puissance de la ville, mais ne l'anéantit pas.

Carthage, fondée 846 ans avant Jésus-Christ, fut détruite par Scipion, après 701 ans d'existence, sans que les Romains y laissassent subsister le moindre monument.

Syracuse, fondée 709 ans avant l'ère chrétienne, fut prise par Marcellus, 501 ans après cette époque, et réduite en province romaine.

Ces trois villes remarquables ont eu une existence moyenne de 627 ans. Cette durée est moins longue que celle des deux républiques, qui, dans les temps modernes, ont joué le même rôle; je veux parler de Venise et de Gênes. Les îles vénitiennes qui, jusqu'en 697, avaient été gouvernées par des tribuns, se réunirent, à cette époque, sous un seul gouvernement et élurent pour chef Paul Anafeste. Ce fut le commencement de cette république si puissante dont l'existence se prolongea pendant onze siècles.

Gênes fut constituée indépendante dès le neuvième siècle ; et cette rivale de Venise succomba comme elle, vers la fin du dix-huitième, en sorte qu'elle compte aussi neuf à dix siècles d'existence.

La durée des villes n'est pas plus soumise au jeu régulier des causes accidentelles que la durée ou l'étendue des nations ; on peut bien lui assigner une valeur moyenne comme à la vie de l'homme ; mais chaque ville en particulier porte en elle-même ses conditions spéciales de vie et de mort. On pourrait, tout au plus, construire pour les villes une table analogue à celle de la mortalité pour les hommes ; cependant une pareille table aurait peu de chances d'être exacte. D'abord, le nombre d'observations que nous présente l'histoire est extrêmement restreint ; et, d'une autre part, l'origine et la fin d'une ville ne sont pas marquées d'une manière précise, comme les deux termes extrêmes qui limitent la vie humaine.

CHAPITRE V.

Théorie de la population.

L'Être suprême, en créant les différentes espèces d'animaux et de plantes, et en les soumettant chacune à son principe universel d'ordre et d'harmonie, n'a pu concevoir la pensée de leur donner une existence éphémère, comme il l'a fait pour les individus qui les composent. Tout, dans chaque espèce, au contraire, porte le caractère de la permanence. Ainsi, les animaux et les plantes se reproduisent en suivant une progression ascendante, quelquefois très-rapide. S'il en était autrement, ces espèces seraient bientôt éteintes, en supposant même que chaque individu reproduisît son semblable, sans pouvoir jamais s'écarter de cette loi, ni en plus ni en moins ; et, en effet, chaque décès prématuré causerait nécessairement une perte irréparable.

Ces remarques sont également applicables à l'espèce humaine. L'expérience, d'accord avec le raisonnement, prouve que nous avons une tendance naturelle à nous reproduire, selon une progression géométrique ascendante. Ce principe, reconnu depuis longtemps, et mis en évidence par de nombreux travaux, et surtout par ceux de Malthus, n'a été sérieusement contesté par personne.

Comment alors se fait-il que l'espèce humaine ne couvre pas, depuis longtemps, toute la surface du globe? Mais on peut faire la même demande au sujet de tous les êtres vivants de la création, car tous, comme je l'ai dit, ont une tendance à se multiplier selon une progression géométrique, et quelques-uns ont cette tendance infiniment plus développée que l'homme. Cependant nous voyons toutes les espèces demeurer numériquement resserrées entre des limites qu'elles ne dépassent pas.

Ces limites existent aussi pour l'homme. Il est donc une cause qui contre-balance les effets du principe énoncé précédemment et qui empêche notre espèce de se multiplier d'une manière indéfinie. Cette cause, d'après la plupart des économistes et des statisticiens modernes, se trouverait dans la difficulté de se procurer les moyens de subsistance.

Les progrès des lumières et une pratique mieux entendue de l'agriculture peuvent augmenter, selon eux, les produits de la terre; mais l'accroissement de ces produits, pour une surface donnée, ne sera jamais aussi rapide que l'accroissement de la population qui la couvre. Comme d'ailleurs l'étendue du globe est bornée, il doit arriver un instant où la terre ne produirait plus assez pour ses habitants, s'ils continuaient, toutefois, à se développer sans obstacles.

La rupture d'équilibre peut se manifester, même sans sortir des limites de l'Europe. Ces principes ont pu être contestés aussi longtemps que les guerres et les autres fléaux, qui ont décimé les hommes, portaient assez obstacle à l'accroissement de la population pour que l'on n'eût pas à craindre les effets des disettes. Mais depuis qu'une paix profonde a laissé prendre aux différentes populations de l'Europe un libre développement, on a commencé à reconnaître, dans quelques localités, qu'on était arrivé à peu près au point où les subsistances pourraient manquer aux besoins des hommes.

L'insuffisance de la production se fait surtout ressentir, quand des années calamiteuses réduisent les récoltes au-dessous de leur état normal ; ce qu'on importe de l'étranger à des prix fort élevés, est loin de pouvoir réparer les pertes ; c'est alors que commencent les privations pour les classes inférieures ; l'excès du travail, nécessaire pour se procurer une nourriture même insuffisante, finit par miner les meilleures constitutions et par produire une mortalité rapide.

Dans les pays où la population s'est accrue au point d'atteindre ce fatal niveau, le vase doit nécessairement déborder et le trop plein se répandre et se perdre. Il n'y aurait que deux moyens de faire cesser cet état de crise; ce serait d'ôter à la population sa tendance à se multiplier au delà de ses limites, ou de multiplier les moyens de subsistance. Et, par ces derniers mots, je n'entends pas seulement qu'il faut faire produire à la terre plus qu'elle n'a rendu auparavant, mais encore augmenter les productions de toute espèce, afin de donner au peuple les moyens d'acheter à de hauts prix, s'il le faut, les nourritures qu'on ira prendre à l'étranger, pour suppléer à l'insuffisance des productions du territoire.

Si les récoltes seules réglaient la grandeur de la population, la Crimée et les autres pays qui fournissent du grain à l'Europe, auraient bientôt une population immense qui empêcherait les exportations; mais, pour que l'homme vive, il lui faut autre chose encore que du pain. Telle contrée du centre de l'Europe pourrait ne pas récolter un hectolitre de froment, et cependant produire plus que la Crimée.

Quelle que soit l'activité de l'homme, le remède doit bientôt devenir insuffisant, à cause de sa tendance rapide à se reproduire.

C'est cette tendance qu'il faut combattre; les guerres, les famines, les pestes, le défaut de liberté et de lumières qui restreignent la population, et bien d'autres fléaux se chargeaient de ce soin, dans des temps barbares et même à des époques assez rapprochées. Depuis que ces moyens dérivatifs ont manqué, quelques peuples ont cherché à y suppléer par des émigrations. C'est ainsi que l'Allemagne exporte annuellement 60 à 80 mille de ses habitants vers l'Amérique septentrionale. Mais ces émigrations occasionnent des frais immenses et ne font que pallier temporairement le mal, sans en arrêter le cours.

En Bavière, on a cherché à mettre obstacle à des mariages inconsidérés, en les défendant à ceux qui ne remplissent pas certaines conditions. Mais, en voulant remédier à un mal, n'a-t-on pas produit un autre mal plus grand encore ? N'a-t-on pas jeté la perturbation dans les familles ? On trouve, en effet, que le nombre des enfants illégitimes y est presque égal à celui des enfants légitimes.

L'établissement des couvents, en favorisant la vie contemplative et en imposant le célibat comme obligatoire, avait également pour effet de porter remède au mal social qui nous occupe.

En Chine, où la population déborde depuis longtemps, on a recours aux moyens les plus affreux pour éviter le fléau envahisseur. On sait quel sort déplorable attend les nouveau-nés dont le nombre pourrait devenir inquiétant.

Les Grecs, malgré leurs guerres presque continuelles et malgré leurs nombreuses colonisations, avaient également entrevu les dangers dont ils étaient menacés. Placés dans les circonstances physiques les plus heureuses du monde, ils avaient compris la tendance de l'homme, dans sa reproduction, à dépasser les bornes de la fécondité de la terre; et chez eux, l'avortement, l'infanticide même, n'étaient point des crimes comme dans les sociétés chrétiennes. L'un de leurs philosophes les plus éclairés, Aristote, s'est chargé de faire l'apologie de ces moyens préventifs, réprouvés de nos jours par la morale et punis par nos lois. Des turpitudes qu'on se refuserait à croire, si elles n'avaient été célébrées par leurs poëtes les plus distingués, tendaient également à entraver la marche de la nature.

On le voit, à toutes les époques et partout, on s'est préoccupé des dangers qu'entraîne

l'excessive tendance de l'homme à se reproduire, et l'on a cherché par différents moyens
à y porter obstacle.

Malgré l'expérience du passé et les progrès
des sciences sociales, on ne saurait disconvenir
que, de nos jours encore, il ne soit très-difficile
de porter remède au mal. Ce qui le prouve le
mieux, c'est l'indécision des économistes à cet
égard.

Nous avons assez de moralité et de religion
pour ne pas tomber dans les hideux excès des
peuples anciens, mais nous en avons trop peu
pour pratiquer les vertus qui pourraient nous
arrêter sur le bord de l'abîme. La prévoyance
devrait surtout nous imposer l'obligation de
ne pas contracter d'unions irréfléchies, et nous
détourner de donner le jour à des enfants qu'il
nous sera impossible de nourrir.

On dira peut-être qu'il ne convient pas de
détruire un penchant naturel de l'homme et
d'étouffer l'instinct qui le porte à la reproduction. Mais cette objection est-elle bien sérieuse;
et l'Église catholique, par exemple, se met-elle
en opposition avec la morale, quand elle prescrit le célibat au prêtre? D'ailleurs il ne s'agit
pas de créer des lois qui défendent le mariage;
il suffit de recommander la prévoyance et de
conseiller le célibat à ceux-là seulement qui se

croiraient hors d'état de pourvoir à leur subsistance et à celle de leur famille ; c'est un acte
d'humanité qu'on demande. On ne s'adresse
au surplus qu'à des hommes assez religieux et
assez moraux pour qu'ils ne se jettent pas dans
d'autres excès plus répréhensibles encore.

. Les anciens admettaient l'infanticide et l'a-
vortement; quelques modernes ont voulu laisser
à la nature son libre cours, sans que ces crimes
devinssent nécessaires pour limiter la trop
grande multiplication de notre espèce; ils ont
permis les mariages, sous la condition d'en
éviter les conséquences. Pour arrêter le mal
plus près de sa source, leurs moyens préventifs différaient-ils essentiellement de ceux
des anciens? Ils ont, en tout cas, excité de vives
réclamations qui ont également été dirigées
contre ceux qui se bornaient à demander un
célibat absolu à qui ne pouvait élever une
famille.

Quoi qu'il en soit, on a cru reconnaître, dans
les familles aisées, une tendance moins grande
à se reproduire que chez le bas peuple. Cette
différence tient-elle à plus de moralité, à plus
de prévoyance? il serait difficile de le dire. Il
est certain que, chez des peuples où la misère
a produit le découragement et la dégradation,
les mariages et les naissances sont généralement

très-fréquens; mais les enfants ne font pour ainsi dire que passer du berceau dans la tombe; à côté d'une grande fécondité, on trouve une mortalité excessive.

« De toutes les raisons que l'on a données jusqu'ici du peu de durée que semble comporter cette existence moyenne, dit M. Benoiston de Châteauneuf, en parlant des familles nobles, les plus vraisemblables, celles qui semblent le plus naturellement indiquées par les faits..... (1), sont l'état militaire d'abord, et ensuite l'état ecclésiastique; de ces deux professions, embrassées par la plus grande partie des nobles, l'une les obligeait au sacrifice de leur vie, l'autre les condamnait à ne pas la donner. J'ajouterais encore à ces deux causes une troisième : la grande quantité d'enfants qu'ils perdaient, ou qui, parvenus à l'âge d'homme, mouraient sans avoir été mariés. »

Les grandes familles, pour être dans les mêmes conditions que le reste de la société, devraient demeurer stationnaires ou être légèrement croissantes. Mais si l'on considère que le reste de la population ne conserve ce dernier état qu'en tenant compte des naissances

____

(1) *De la durée des familles nobles de France,* p. 792, tome 2 des Mém. de l'Académie royale des sciences morales et politiques.

illégitimes, on concevra que, toutes choses égales, les grandes familles, et en général toutes les familles qui se transmettent par des naissances légitimes, ont peu de chances de se conserver. Le niveau de la population ne peut se soutenir, en effet, que par des naissances légitimes et illégitimes; or, plus ces dernières naissances seront nombreuses, et plus, toutes choses égales d'ailleurs, les familles éprouveront de difficultés à se transmettre en ligne directe.

En résumé, il faut concevoir un état d'équilibre vers lequel tendent sans cesse les populations. Quand cet état est atteint, un peuple consomme annuellement ce qu'il peut produire par son travail; et comme il conserve toujours une tendance à croître, il ne tarde pas, s'il manque de prévoyance, à dépasser la limite où à la mortalité ordinaire vient se joindre la perte de l'excédant qui s'est formé. Ces excédants périssent plus ou moins rapidement, selon que les années sont plus ou moins calamiteuses.

Déjà même, avant que l'état d'équilibre soit atteint, la population éprouve une diminution sensible dans sa tendance à se développer; elle marche, mais elle avance avec plus de difficultés, et comme si elle avait à vaincre un milieu résistant.

On peut même dire que plus la tendance à croître devient grande, plus les obstacles qui s'opposent aux accroissements deviennent considérables. Il en est ici comme des autres phénomènes de la nature : tout tend à montrer que les obstacles croissent comme le carré de la vitesse qu'a la population dans sa marche ascendante. L'on concevra qu'il doit en être ainsi : la population, en effet, prend ses accroissements dans une augmentation du nombre des enfants qui, d'une part, sont plus exposés à la mortalité, et qui, de l'autre part, ne contribuent en rien à la production des subsistances qu'ils diminuent au contraire.

CHAPITRE VI.

**Caractères d'une bonne population. Vie moyenne.
Mesure de la force d'une population.**

Les États ont le plus grand intérêt à connaître avec exactitude le nombre annuel des naissances et celui des décès. Ces deux chiffres
donnent, à eux seuls, les renseignements les
plus utiles sur l'état de la population et sur sa
valeur physique.

Quand, chaque année, ces deux chiffres sont
sensiblement égaux entre eux et que les vides
formés par la mort sont compensés par des
naissances, on dit que la population est *stationnaire*. Je suppose toutefois que les émigrations et les immigrations se balancent; la différence de ces deux derniers nombres est
d'ailleurs généralement faible dans les différents
pays.

Quand le nombre des naissances dépasse
celui des décès, la population est *croissante;*
dans le cas contraire, elle est *décroissante.*

Maintenant, lequel de ces trois états est le
meilleur? Quel est celui qui indique le plus de
prospérité et qui prouve le plus en faveur du

gouvernement? Dans le siècle dernier, l'élo-
quent auteur du *Contrat social* n'hésitait pas à
se prononcer en faveur d'une population croissante. «Pour moi, disait Jean-Jacques Rousseau, je m'étonne toujours qu'on méconnaisse
un signe aussi simple, ou qu'on ait la mauvaise
foi de ne pas en convenir. Quelle est la fin de
l'association politique? c'est la conservation et
la prospérité de ses membres. Et quel est le signe le plus sûr qu'ils se conservent et prospèrent? c'est leur nombre et leur population.
N'allez donc pas chercher ailleurs ce signe si
disputé. Toutes choses d'ailleurs égales, le gouvernement sous lequel, sans moyens étrangers,
sans naturalisations, sans colonies, les citoyens
peuplent et multiplient davantage, est infailliblement le meilleur ; celui sous lequel un peuple diminue et dépérit est le pire. Calculateurs,
c'est maintenant votre affaire ; comptez, mesu-
rez et comparez (1). »

On ne saurait être plus explicite. Cependant
le célèbre écrivain genevois avait-il examiné la
question d'assez près? et les travaux statistiques étaient-ils assez avancés à son époque,
pour permettre de trancher la question avec
autant d'assurance? On ne saurait nier sans
doute qu'un accroissement actuel de la popu-

(1). *Le Contrat social,* chap. ix, livre III.

lation ne soit généralement un signe de bien-
être ; mais c'est quelquefois aussi un signe de
misère, d'imprévoyance et de relâchement. Un
accroissement rapide de population a été remarqué chez les peuples qui, dans ces derniers
temps, se sont précipités avec le plus d'activité
dans la voie du paupérisme.

Il est facile de comprendre, d'ailleurs, qu'une
population sans cesse croissante doit infailliblement marcher à sa perte, et arriver bientôt à
cette limite où les moyens de subsistance lui
manqueront.

Une population constamment décroissante
serait tout aussi déplorable ; elle marcherait
également à sa ruine, et finirait par s'éteindre,
tandis que l'autre languirait dans la misère.

On a compris, et sir Francis d'Ivernois, le
compatriote de Jean-Jacques, a fait voir que
l'état le plus favorable pour une population est
l'état stationnaire, mais sous certaines conditions.

Une population en effet peut être stationnaire
de différentes manières, puisqu'il suffit que le
nombre de ceux qui s'en vont, soit égal au nombre de ceux qui arrivent, et qu'il n'est pas du
tout indifférent que l'on parte à un âge plutôt
qu'à un autre.

Il convient donc d'avoir égard à la *vie moyenne,*

c'est-à-dire au nombre d'années qu'un individu atteint moyennement. Il faut, à cet effet, faire la somme des *années vécues* par ceux qui sont décédés, et la diviser par ce même nombre de décédés.

La population doit satisfaire alors à cette double condition d'être stationnaire, en présentant la vie moyenne la plus longue possible. C'est dans ce sens que J. B. Say écrivait : « Le genre humain est tenu au complet avec moins de naissances et moins de décès, ce qui est beaucoup plus favorable à son bonheur (1). »

Il est bien entendu que je ne parle ici que des anciennes populations européennes, qui ont à peu près atteint leur état d'équilibre. Pour un peuple nouveau et qui n'a pas encore eu le temps de se développer, autant que le comporte son territoire, il y aurait évidemment détriment à devenir trop tôt stationnaire.

Il existe des lois de convenance entre la grandeur d'une population et l'étendue du territoire qu'elle occupe. Le rapport croît avec la fertilité du sol et avec les ressources qu'offre la position du pays pour le commerce et l'industrie. Quand ce rapport doit nécessairement rester faible, à cause de l'infertilité de la terre, il en résulte du désavantage, par la difficulté de protéger

______

(1) *Sur l'objet et l'utilité des statistiques*, dans la Revue encyclopédique, Septembre 1827.

un espace trop grand avec de faibles moyens, et par le manque de communications entre les habitants.

J'ai dit que la vie moyenne est un élément précieux à consulter pour reconnaître la valeur matérielle d'un peuple; cependant cette mesure aussi exige un examen sérieux, et peut-être ne mérite-t-elle pas toute notre confiance.

La vie moyenne peut en effet rester la même dans différentes circonstances, qui sont loin d'être également favorables. Ainsi, la vie moyenne serait de trente ans pour deux individus, qui auraient vécu, l'un deux ans, et l'autre cinquante-huit; ou l'un dix ans, et l'autre cinquante; ou l'un vingt ans, et l'autre quarante. Cependant ces différentes combinaisons n'ont pas les mêmes valeurs, et je vais essayer de le faire comprendre.

La vie de l'enfant n'est pas comparable à celle de l'homme adulte; elle est plutôt une charge qu'un bien pour l'État. Sous le point de vue politique, tout individu qui échappe à l'enfance a contracté une espèce de dette dont le minimum est de plus de 1000 fr., somme payée par la société pour l'entretien de l'enfant qu'on abandonne à sa charité (1).

(1) *Recherches statistiques sur le royaume des Pays-Bas,* par A. Quetelet. Bruxelles, 1829. 1 vol. in-8, p. 9.

Il importe donc, quand on veut estimer la valeur physique d'une population, de ne pas confondre les années *onéreuses* avec les années *productives* de la vie; or, c'est ce qui arrive précisément dans le calcul de la vie moyenne : on n'y tient aucun compte de la qualité des années vécues, on n'a égard qu'à la quantité.

J'ai cru devoir proposer, pour remédier à cet inconvénient, de comparer numériquement les hommes utiles à ceux qui ne le sont pas (1). En considérant les choses sous ce point de vue, je partageais une population en deux parties, l'une ayant moins, l'autre ayant plus de quinze ans. Cette manière de compter, plus exacte que celles employées précédemment, laisse cependant encore à désirer sous quelques rapports.

La méthode qui me semble la plus rationnelle, est celle qui repose sur l'appréciation suivante. *La mesure de l'importance physique d'une nation est dans le rapport entre le nombre des années productives et le nombre des années onéreuses, comptées pour tous les individus qui composent cette nation.* En adoptant cette base de calcul, on aurait, pour la première des combinaisons présentées plus haut, deux années

____

(1) *Physique sociale,* tom. I, p. 322.

onéreuses du premier individu et quinze du second, ce qui donne en tout dix-sept années onéreuses, lesquelles, comparées aux quarante-trois années productives vécues par le second pour atteindre l'âge de cinquante-huit ans, donnent la fraction 43/17 ou 2,53 pour l'importance de cette combinaison; on aurait de même 1,40 pour l'importance de la seconde combinaison; et seulement 1,00 pour celle de la troisième. Voilà des valeurs bien différentes, et qui cependant se traduisent par le même nombre, quand on a recours au calcul de la vie moyenne. Ces résultats montrent suffisamment, je pense, la nécessité de ne pas s'en tenir au chiffre de la vie moyenne, quand on veut estimer les ressources physiques dont une nation peut disposer.

Peut-être, pour plus de précision, faudrait-il tenir compte des années de la vieillesse, en leur attribuant une valeur moins grande que si elles étaient complétement productives, ou même les omettre dans ce calcul.

La distinction qui vient d'être établie, sera surtout sensible, si l'on considère avec les économistes, l'homme comme un instrument de production. Que dirait-on, en effet, de l'industriel qui, consulté sur l'importance de son établissement, compterait comme métiers en activité, non-seulement ceux qui fonctionnent réellement, mais encore ceux qui, par la suite des temps, ont été mis hors d'usage, ou ceux qui, se trouvant en construction, lui causent, chaque jour, des dépenses plus ou moins considérables?

On a quelquefois fait usage du chiffre des centenaires; mais il est à remarquer que ce genre de documents n'apprend à peu près rien sur le sujet qui nous occupe. M. Benoiston de Châteauneuf, qui s'est spécialement occupé des centenaires, a été conduit à cette conclusion que, « malgré leurs désavantages, tous les climats sont compatibles avec une longue durée de la vie, parce qu'en effet les divers accidents physiques du sol les ramènent tous, quelque différents qu'ils soient, aux conditions sans lesquelles l'homme ne pourrait les habiter (1). »

On peut aussi placer parmi les caractères qui différencient les populations, la quantité de produits nécessaires à l'existence d'un individu dans des temps ordinaires. Plus cette quantité sera considérable, et plus les conditions dans lesquelles se trouve la population, pourront être considérées comme avantageuses. Les popula-

____

(1) *De la durée de la vie humaine dans les principaux États de l'Europe,* Annales d'Hygiène, tome XXXVI, 2e partie.

tions les mieux nourries sont les plus vigou-
reuses ; il importe d'ailleurs que, dans les années calamiteuses, un peuple puisse, sans danger, diminuer sa consommation ordinaire ; celui
qui doit retrancher sur son strict nécessaire,
dépérit infailliblement.

Il est donc à désirer que le goût de l'aisance
s'allie chez un peuple à des habitudes de prévoyance. Un pareil état de choses prévient les
catastrophes qui peuvent naître par suite des
fluctuations dans les quantités de subsistances
ou des accroissements de population. Il ne
faut pas en effet que les limites de la population soient étendues au point de ne pouvoir
s'élargir davantage sans se rompre.

Qu'il me soit permis d'appuyer ces considé-
rations, de l'opinion d'un savant dont le nom
fait autorité dans ces matières. « Dans les contrées où les fatigues, les privations, l'insalu-
brité, les misères assaillissent les habitants, dit
M. Villermé, il y a beaucoup de jeunes enfants
avec peu d'adultes et de vieillards, parce que
l'on y paye, chaque année, un large tribut à la
mort, que les générations s'y succèdent rapidement, et que les naissances y sont d'ordinaire
très-nombreuses. Dans les pays, au contraire,
où l'aisance est générale et la population bien
portante, il y a beaucoup d'hommes faits avec

peu de jeunes enfants, parce que les naissances et les décès y sont en petit nombre. C'est
du moins ce qu'on observe généralement dans
notre vieille Europe. (1) »

(1) *Mémoire sur la distribution de la population française*,
Tome Ier des Mémoires de la classe des Sciences morales et politiques, p. 89.

CHAPITRE VII.

Des émigrations.

Quand les moyens de subsistance commencent à manquer dans un pays, la population surabondante doit nécessairement descendre au tombeau ou passer dans des pays plus favorisés. L'émigration et la mort se chargent de maintenir le niveau fatal ; ces deux extrêmes sont d'autant plus déplorables qu'ils ne font que pallier le mal sans le détruire : chaque année en effet, quand la prudence humaine fait défaut, la nation se retrouve avec ses mêmes tendances à croître et ses mêmes excédants ; c'est une plaie toujours ouverte et toujours saignante.

Les émigrations, par les dépenses qu'elles occasionnent, sont une nouvelle cause d'épuisement pour l'État qui, dans de pareilles circonstances, en supporte assez souvent tous les frais.

Si ce sont, au contraire, des familles jouissant d'une certaine aisance qui s'expatrient, les pertes ne sont pas moins réelles. Le pays est privé d'hommes utiles qui s'éloignent avec leur industrie et leurs moyens d'existence, pour se soustraire à toutes les charges qui les entourent. Ces charges alors doivent être supportées par un plus petit nombre d'hommes; et il est à remarquer que les consommateurs improductifs sont restés et qu'il se présente des générations nouvelles d'enfants, toujours prêtes à envahir les moindres vides qui se forment.

Les émigrations, du reste, peuvent avoir différentes causes : les plus fatales peut-être pour un État, sont celles que provoquent des lois injustes et oppressives. La révocation de l'édit de Nantes a été une calamité pour la France, et au contraire une source de prospérité pour la Hollande et les pays qui recueillirent les familles expatriées. A cette époque, la plupart des contrées de l'Europe laissaient encore des vides à remplir dans leurs populations, et il y avait bénéfice à les combler par des hommes adultes qui apportaient avec eux leurs fortunes et plusieurs branches d'industrie.

On ne peut que plaindre les pays où les émigrations sont devenues nécessaires, car elles accusent toujours une plaie physique ou morale dans la nation. L'homme éprouve en général de vives répugnances à quitter les lieux qui l'ont vu naître, et il ne s'expatrie que quand il y est contraint par de rudes nécessités.

Nous avons déjà vu que la position la plus favorable pour un pays consiste à avoir une population qui soit à peu près au niveau de ses moyens de subsistance et qui se maintienne à ce niveau avec le moins de naissances possible; les charges de toute espèce y sont d'autant moins lourdes qu'il se trouve plus d'individus en état de les partager.

Quand le niveau n'est pas atteint, il se présente deux moyens pour remplir les vides : ou la nature y pourvoit par des naissances, ou l'homme par des immigrations. De même, quand le niveau est dépassé, la population surabondante doit s'écouler, soit dans le tombeau, soit par l'émigration.

Les moyens employés, dans ce dernier cas, par la nature, pour suppléer à l'imprévoyance des hommes, sont trop violents pour qu'on ne cherche pas à soustraire à la mort les surnuméraires de la population, si je puis m'exprimer ainsi, en les transportant dans d'autres climats. L'humanité en fait un devoir et la raison d'ailleurs en démontre suffisamment l'utilité et la convenance. Mais on pourrait ne pas être également d'accord sur les moyens de suppléer aux vides de la population ; cette question mérite donc d'être examinée.

Nous remarquerons d'abord qu'il est dangereux de faire un appel à la tendance de l'homme à se reproduire et de provoquer une fécondité que l'on ne sera peut-être plus maître d'arrêter par la suite. D'ailleurs, un appel semblable ne produit que des enfants qui, pendant longtemps, seront une charge pour l'État. L'immigration, au contraire, procure généralement des hommes adultes qui peuvent se rendre immédiatement utiles ; et, lors même qu'ils n'apporteraient que leurs bras, ils sont un bénéfice réel pour la nation dans laquelle ils viennent s'incorporer.

Les pays neufs ont donc intérêt à faire des emprunts d'hommes aux pays anciens qui ont une surabondance de population. Les avantages sont réciproques ; d'une part, on sauve des hommes du tombeau ; de l'autre, on les substitue à des enfants.

Les colonisations, quand elles sont bien faites, résument ces doubles avantages au profit d'une même nation. C'est ce qu'avaient fort bien compris les peuples anciens qui se sont le plus distingués dans la voie de la civilisation, et ce que pratiquent encore plusieurs peuples modernes.

Sans sortir des bornes de la Belgique, quelque resserrées qu'elles soient, on y trouve des populations dont les besoins sont bien différents. Dans les provinces de Luxembourg et de Namur, il manque évidemment des bras pour mettre les terres en culture ; et, bien que le nombre des naissances y soit très-supérieur à celui des décès, les mêmes besoins s'y fe-ront sentir longtemps encore. Ne serait-il pas préférable que cette excessive fécondité qui augmente la population, chaque année, d'un nombre considérable d'enfants, fût remplacée par des immigrations de laboureurs flamands? A une substitution aussi désirable, se joindrait un acte d'humanité : on arracherait à une mort presque certaine des malheureux qui ne trouvent plus, dans le travail, les moyens de subvenir à leur existence. De pareils déplacements, du reste, doivent se faire avec d'autant plus de prudence que les populations diffèrent davantage par les mœurs et par les besoins qu'elles se sont créés.

CHAPITRE VIII.

L'art de guérir exerce-t-il une influence sur le système social ?

S'il est vrai que le taux de la population soit réglé par le taux de la production, quelle est donc la mission de l'art de guérir?

Si je réponds qu'il ne peut sauver les uns qu'aux dépens des autres ; et que lorsqu'à force de soins, il parvient à fermer quelques-unes des cent portes ouvertes à la mort, les autres ne font que s'ouvrir davantage et qu'il s'en forme de nouvelles au besoin, j'aurai l'air de parler peu sérieusement, et cependant je n'aurai fait qu'exprimer la vérité.

Chaque nation, selon ses moyens de production et selon les besoins de ses habitants, ne peut disposer que d'un certain nombre de places au banquet de la vie; et quand, par une cause quelconque, il se trouve des privilégiés, ce ne peut être qu'aux dépens des autres citoyens. Chacun en général désire d'y conserver le plus longtemps possible la place qu'il occupe, et il emploie tous les moyens possibles pour s'y maintenir.

l'une ou à l'autre de ces conditions, et surtout à la dernière, que les résultats de la médecine sont si problématiques.

On pourrait presque affirmer qu'une surveillance éclairée auprès des malades, est d'un effet plus sûr que les secours mêmes de l'art. La mortalité des hôpitaux diffère bien moins par l'inégalité de mérite des médecins, que par la nature des soins de surveillance donnés aux malades.

Ces remarques ne s'appliquent pas seulement aux hommes, considérés dans l'état de maladie, mais à tous les hommes en général, vivant ensemble sous un même régime. Une administration dépourvue de lumières, peut produire une mortalité plus ou moins rapide, et quelquefois excessive, dans les prisons, dans les hospices, dans les dépôts de mendicité, dans les ateliers, dans les casernes, et partout enfin où des hommes se trouvent réunis.

Je ne saurais trop le répéter, une hygiène bien entendue, une administration éclairée rendent infiniment plus de services que la médecine pratiquée par les hommes les plus habiles.

Loin de moi la pensée de déprécier l'art de guérir ; je crois au contraire qu'un médecin prudent et instruit peut, dans les familles, rendre au phy-

sique les mêmes services qu'un bon pasteur y
rend au moral; tous deux méritent d'être ho-
norés dans leur profession. Mais il y a lieu de
croire, en considérant les choses sous un point
de vue général et en tenant compte des méprises faites par des médecins peu instruits ou peu
soigneux, que l'art de guérir, circonscrit dans
ses propres moyens, exerce peu d'influence sur
la nature et la durée des maladies, et n'en
exerce point sur le nombre des morts.

Je n'ai parlé, dans ce qui précède, que de l'art
de guérir, ainsi que de l'hygiène publique qui
a pour mission de développer plus avantageusement notre physique, et de donner plus de
force et de souplesse à nos organes. Sous ce
rapport, cette science ajoute singulièrement à la
valeur de l'homme et par suite à celle d'un peuple. Si elle n'augmente pas le nombre des citoyens,
elle peut du moins rendre leur constitution plus
saine et plus vigoureuse. La chirurgie, de son
côté, peut aussi, par des soins bien entendus,
faire qu'une population soit physiquement meilleure et compte moins d'individus estropiés ou
difformes.

Telle est donc, en résumé, la mission de l'art
de guérir, dans son acception la plus large, et
dans les pays où la population se trouve au complet; il exerce peu d'influence sur le nombre des

décès, mais il en a beaucoup pour améliorer physiquement le peuple ; et il diminue la somme des douleurs, en même temps qu'il donne des consolations. Cette mission est assez belle pour qu'on puisse ranger cet art parmi ceux qui servent le mieux l'humanité.

SECTION DEUXIÈME.

CHAPITRE PREMIER.

Des mœurs, des lois et de l'opinion.

Les mœurs se développent par l'éducation et par les principes religieux ; elles dépendent aussi, en grande partie, de notre constitution physique et du milieu dans lequel nous vivons.

Il ne faut pas confondre l'éducation avec l'instruction ; la première s'adresse au moral de l'homme, la seconde à son intelligence. L'instruction nous prépare à mieux profiter de l'éducation ; on peut la regarder comme un instrument qui double la valeur de l'homme, quand il est bien employé ; et qui, dans certaines circonstances aussi, devient une arme fatale, un moyen de commettre des crimes.

C'est sous l'influence des circonstances diverses au milieu desquelles il est forcé de vivre, que l'individu développe ses qualités morales ; il finit par prendre un état plus ou moins stable vers lequel il tend toujours à revenir, quand des causes accidentelles l'en ont détourné. Il en est de même d'une nation ; l'on peut juger de sa moralité, non-seulement par son état le plus habituel, mais encore par les fluctuations qu'elle subit autour de cet état.

Les lois ont pour objet de maintenir l'ordre et de faire respecter les droits de tous ; leur but est de prévenir les excès qui pourraient devenir nuisibles au corps social ; elles répriment donc les mœurs dès qu'elles franchissent les limites convenables, sans s'occuper de ce qui se passe dans l'intérieur même de ces limites.

Il est de la plus haute importance qu'il règne de l'harmonie entre les lois et les mœurs d'un peuple ; quand cette harmonie n'existe pas, l'une de ces deux choses doit nécessairement fléchir devant l'autre.

Quand les loïs restreignent trop les limites dans lesquelles une nation est forcée de se mouvoir moralement, celle-ci doit changer de manière d'être, ou rompre violemment les barrières qu'on lui oppose. Il peut arriver aussi que les lois faiblissent, et cessent d'être respectées pour avoir été trop souvent enfreintes.

Le législateur doit donc connaître à fond les mœurs du peuple dont les destinées lui sont

L'opinion publique, ici, est absurde et cruelle, mais elle n'atteint que quelques particuliers; tandis que plus généralement, quand sa direction est mauvaise, elle tend à saper les bases mêmes de la morale et de l'État. Il suffit de l'exemple d'un mauvais prince, pour entraîner un peuple vers la débauche et la démoralisation, jeter le désordre dans les familles et relâcher tous les liens de la société.

Il n'est pas rare, dans nos sociétés modernes, de voir ce qu'on nomme un élégant, un homme du monde, se vanter des séductions qu'il a exercées, des femmes qu'il a perdues, et chercher à capter les suffrages de ceux-là même qui auraient applaudi à son meurtre, si le mari outragé avait pu le surprendre.

Le vol n'est plus vol, quand il s'agit des deniers de l'État; on tire vanité de la fraude. On a vu l'ivrognerie et les autres vices mis successivement à l'ordre du jour, et, sous le nom de *mode*, on a fait accueillir favorablement toutes les extravagances.

Cependant, il faut en convenir, l'opinion publique peut produire aussi de bons résultats, et bien souvent elle supplée au silence des lois; elle flétrit les vices qu'aucun jugement légal ne saurait atteindre. Dans des circonstances importantes, elle élève les hommes et les peuples au dessus d'eux-mêmes, et les rend capables des plus grandes choses.

Ce n'est pas sans raison que Pascal proclamait sa toute-puissance : « Qui dispense la réputation? s'écriait ce profond penseur (1) ; qui donne le respect et la vénération aux personnes, aux ouvrages, aux grands, sinon l'opinion? combien toutes les richesses de la terre sont-elles insuffisantes sans son consentement! L'opinion dispose de tout; elle fait la beauté, la justice et le bonheur, qui est le tout du monde. Je voudrais de bon cœur voir le livre italien, dont je ne connais que le titre, qui vaut lui seul bien des livres, *Della opinione regina del mondo.* »

Un autre écrivain illustre a fixé l'attention sur le rôle important que joue l'opinion dans les affaires sociales. Après avoir parlé des relations nécessaires qui existent entre l'État et ses différents membres, J. J. Rousseau ajoute : « A ces trois sortes de lois il s'en joint une quatrième, la plus importante de toutes, qui ne se grave ni sur le marbre, ni sur l'airain, mais dans les cœurs des citoyens; qui fait la véritable constitution de l'État; qui prend tous les jours de nouvelles forces ; qui, lorsque les autres lois vieillissent ou s'éteignent, les ranime

____

(1) *Pensées,* première partie, art. vi, pensée 3.

ou les supplée, conserve un peuple dans l'esprit
de son institution, et substitue insensiblement
la force de l'habitude à celle de l'autorité. Je
parle des mœurs, des coutumes et surtout de
l'opinion ; partie inconnue à nos politiques,
mais de laquelle dépend le succès de toutes les
autres ; partie dont le grand législateur s'occupe en secret, tandis qu'il paraît se borner à
des réglements particuliers qui ne sont que le
cintre de la voûte, dont les mœurs plus lentes
à naître forment enfin l'inébranlable clef (1). »

Personne n'est plus avantageusement placé
que le Prince pour agir sur l'opinion ; il peut la
diriger habilement et profiter de ce levier puissant pour améliorer les mœurs et donner aux
lois plus d'autorité et de force. Cette arme, généralement méconnue, a fait des prodiges entre
les mains de ceux qui ont su en faire usage ;
c'est l'instrument le plus sûr de la victoire dans
tous les genres de luttes ; il n'est guère de com-
motion politique dont l'opinion publique n'ait
été l'âme, ni de parti vainqueur qui ne lui ait dû
ses avantages.

Mais qui règle généralement l'opinion? quand
il s'agit de l'instant présent, il serait bien difficile de le dire. La voix qui la prépare, se perd

____

(1) *Du Contrat social,* liv. II, chap. II.

au milieu des mille voix qui lui servent d'échos. Mais, quand il s'agit de la postérité, il ne reste plus que quelques voix qui y produisent un long retentissement, et ce sont celles qui s'énoncent avec le plus d'éloquence et de force, qui finissent par prédominer. L'écrivain le plus habile est donc en définitive celui qui devient le dispensateur de la gloire et du blâme ; c'est lui qui est, en quelque sorte, l'arbitre et le souverain juge des hommes et des peuples. Les princes qui ont le mieux entendu leurs intérêts, se sont attachés à se rendre favorables ceux qui pouvaient éterniser leur nom. Alexandre le Grand n'avait permis qu'au seul Apelles de faire son portrait, et certes il consultait bien en cela le soin de sa réputation. Cependant le plus illustre des peintres de l'antiquité a beaucoup moins fait pour la gloire d'Alexandre que Quinte-Curce, dont le nom cependant ne brille pas en première ligne parmi ceux des historiens.

Les plus grands hommes de l'antiquité et des temps modernes ont si bien senti la nécessité de se rendre l'opinion publique favorable, que quelques-uns ont cru devoir présenter eux-mêmes l'exposition des faits auxquels ils ont pris part. Xénophon, Thucydide, César et Napoléon en sont des exemples bien remarquables.

CHAPITRE II.

De la démoralisation et du paupérisme. Des institutions de bienfaisance.

Un grand nombre de fléaux affligent la société ; il en est un surtout qui cause de grands ravages et dont on n'a peut-être pas examiné les conséquences avec assez d'attention.

La débauche est généralement répandue dans tous les rangs, mais surtout chez le peuple des grandes villes ; un goût effréné du luxe sert d'aliment à ces désordres. Une jeune fille, dans les classes inférieures, ne rougit plus d'un enfantement illégitime ; elle n'a point à reculer devant les conséquences d'un pareil malheur. Et pourquoi s'en alarmer ? L'opinion ne la flétrit point, et elle se crée les chances d'obtenir une pension, ou même de contracter un mariage auquel elle n'aurait pu aspirer autrement. Que lui importe qu'elle répande dans des familles respectables le trouble et le désordre, pourvu qu'elle parvienne à s'y introduire en même temps.

Si ses plans intéressés viennent à échouer, la philanthropie n'a-t-elle pas pourvu à tout ?

Reçue dans un hospice de maternité, elle sera entourée de toutes sortes de prévenances ; quel souci pourrait-elle avoir ? elle abandonnera son enfant aux soins de la société qui a promis de pourvoir à son existence.

Quant à elle-même, la jeune fille reprendra ses anciennes habitudes. Elle a désormais rompu avec la morale ; les lois sont sans action sur elle, et l'opinion publique, qui seule aurait pu réprimer son inconduite, l'opinion reste indifférente.

Telle est notre organisation sociale actuelle ; et cet état de choses produit annuellement environ dix mille naissances illégitimes dans les seules limites de la Belgique, et soixante-dix mille dans celles de la France !

Or, si nous considérons que ce nombre de naissances illégitimes forme à peu près le tiers de l'accroissement annuel de la population, c'est-à-dire de cet élément qui nous conduit avec tant de rapidité vers le paupérisme, nous comprendrons qu'il n'existe pas là seulement une question de morale et d'honneur, mais qu'il s'est formé une véritable plaie sociale qui grandit chaque jour, et qui doit finir, si l'on n'y porte remède, par dévorer le corps le mieux constitué.

Le mal se fait ressentir surtout dans les villes ;

et l'on peut dire, sans exagérer, que l'accroissement de la population s'y forme à peu près
exclusivement de naissances illégitimes. C'est
aussi par les enfants provenant de ces naissances, que se recrutent habituellement les populations des hospices.

Telle est donc, en grande partie, la source du
mal qui depuis longtemps fait l'objet des méditations des économistes. Les plus habiles ont
reconnu l'insuffisance des lois pour combattre
ce fléau; c'est qu'une pareille difficulté n'est pas
en effet de leur compétence; il s'agit ici d'un
relâchement de morale et d'un manque de prévoyance, et l'opinion publique ne fait rien pour
suppléer au silence des lois.

La question en définitive est de savoir, pour
un pays où règne le paupérisme, qui fera place
aux intrus qui viennent ainsi annuellement, par
des portes illégitimes, prendre des parts à peine
suffisantes pour la population; car, il n'y a pas
à transiger, les surnuméraires doivent se rési-
gner à la mort ou à l'exil.

Dans cet état de choses, il faudrait peut-être
recourir aux lois et leur demander des garanties dont le corps social sentira désormais de
plus en plus la nécessité. Est-il juste qu'il continue, sous les apparences de la charité, d'ali-
menter et d'encourager le vice, et que le con-

pable échappe non-seulement à toute punition, mais qu'on ne songe pas même à lui faire atténuer le mal qu'il produit ?

Loin de moi de demander qu'on cesse les soins charitables dont on entoure une mère dans un hospice, et surtout qu'on prive son enfant des secours qui lui sont nécessaires; mais que cette mère sache d'avance qu'elle contracte une dette envers la société, et qu'elle doit l'acquitter par son travail et sa prévoyance. Il faut se dépouiller ici des sentiments d'une philanthropie mal entendue; il faut de grands remèdes, parce que nous sommes en présence de grands maux.

La philanthropie, si respectable dans ses intentions, a souvent complétement manqué le but qu'elle voulait atteindre, faute de lumières nécessaires pour se diriger dans les circonstances délicates où elle voulait s'interposer.

Un des principes généraux qu'on ne devrait jamais perdre de vue, consiste en ce que *la société doit éviter de se substituer aux individus pour tout ce qui concerne la prévoyance.*

D'une autre part, quand la société vient en aide au malheureux, il faut qu'elle agisse comme la Providence et que la main qui donne reste inaperçue.

Le citoyen n'a pas légalement droit à des secours; il ne peut demander qu'au nom de la morale et non des lois, qui ne lui doivent que protection pour lui et pour les siens.

C'est quand les États veulent réglementer la bienfaisance et la formuler en lois, qu'ils vont directement au but opposé à celui qu'ils voulaient atteindre; ils créent légalement le paupérisme.

Je conçois qu'un pays prélève volontairement un impôt pour combattre un fléau, tel qu'une guerre, une disette, une épidémie, une inondation, que nulle puissance humaine n'avait pu prévoir et qui atteint une partie plus ou moins grande du corps social. Je conçois encore qu'on cherche à indemniser une classe de citoyens dont les traités internationaux ont compromis les intérêts ou ruiné les industries; mais, pour des maux particuliers, il faut laisser aux individus le soin de les guérir. On peut toutefois en faciliter les moyens, en invitant des hommes honorables à prendre l'initiative et en accordant à ces mêmes hommes toute la considération nécessaire pour qu'ils accomplissent leur mission; mais évitons surtout que la bienfaisance ne s'exerce ostensiblement; il faut que le pauvre n'ait point à rougir en recevant et que ceux qui donnent, ne créent point une charge.

Quand du reste l'homme reconnaît son in-

suffisance pour subvenir à ses propres besoins
et à ceux de sa famille, il doit à la société certaines garanties en échange des secours qu'il
lui demande ; il contracte une dette, et la société est en droit de lui imposer certaines conditions. Si l'on trouvait ces exigences trop fortes, que l'on se rappelle que, dans bien des États
civilisés, elles sont portées beaucoup plus loin,
puisqu'on prive de sa liberté et qu'on punit de
l'emprisonnement, celui qui implore la commi-
sération publique et se livre à la mendicité.

Il faut éviter surtout que le pauvre abandonne ses foyers et se livre au vagabondage ; il
serait perdu sans ressource. S'il ne gagne que
vingt sous, et que, dans des années désastreuses, vingt-cinq lui soient indispensables pour
soutenir son existence, il est nécessaire que la
charité subvienne à ce qui lui manque, sous
peine de devoir bientôt payer le tout sans espoir de mettre un terme à une pareille charge.

Pour ceux qui ne sont point dans l'indigence,
mais qui se trouvent sur cette limite où l'on
commence à la craindre, il faut, par tous les
moyens possibles, éveiller le sentiment de la
prévoyance. Il faut les porter à faire des éco-
nomies pour les circonstances difficiles par
lesquelles ils auront à passer. Si une année
désastreuse ou une maladie les trouve dépour-

vus de ressources, ils peuvent se perdre à jamais. Chez la plupart des hommes, une ruine
complète équivaut à une démoralisation qui
en est la compagne ordinaire.

On ne saurait trop encourager les institutions
qui ont pour objet de favoriser la prévoyance :
telles sont les sociétés de secours mutuels, les
caisses d'épargne, les sociétés d'assurances
quand elles ne sont pas des spéculations indus-
trielles.

On s'est demandé si les assurances, surtout
celles contre l'incendie, ne devraient pas se faire
par l'État et devenir obligatoires. La théorie des
probabilités montre, en effet, que plus le nombre des assurés est grand, et plus on a de chances de voir se réaliser les résultats indiqués par
l'expérience des années précédentes. Les garanties sont aussi plus fortes que celles présentées par de simples particuliers.

On peut toutefois objecter à ce mode d'assurances, que l'administration faite par l'État est
généralement plus coûteuse ; que la surveillance
exercée serait moins active que celle des sociétés directement intéressées, et qu'enfin l'on
se fait moins de scrupules de la frauder lorsqu'on a affaire à un gouvernement. En cas de
guerre ou de crise, on pourrait aussi, pour créer
des embarras à l'État, chercher à multiplier

les incendies. D'une autre part, en temps de paix, le peuple serait intéressé à soutenir l'État, qui le protégerait et qui garantirait ses biens contre les différentes éventualités désastreuses.

La question des assurances par l'État est d'une haute importance ; elle mérite d'être examinée avec d'autant plus de soin, qu'elle peut se compliquer par des intérêts locaux. Il faut éviter ensuite de trop charger les administrations et de rendre leur action impossible en voulant trop l'étendre.

CHAPITRE III.

Des crimes et des châtiments.

Nous avons vu qu'il était à peu près impossible de comparer entre elles deux nations contemporaines, sous le rapport de la moralité. Lors même qu'on s'en tiendrait à établir des rapprochements entre les crimes constatés des deux parts, on aurait à tenir compte de la différence des lois, de l'organisation des tribunaux, de l'activité de la justice et d'une foule d'autres circonstances.

Dans tous les cas, on n'aurait ainsi qu'un seul élément de comparaison; pour être juste, il faudrait placer à côté des actes répréhensibles, ceux qui prouvent en faveur des peuples que l'on compare. On pourrait trouver d'un côté plus de crimes, mais qui seraient compensés en quelque sorte par un nombre plus grand d'actions vertueuses; c'est ce qui se remarque assez souvent à la suite des grandes commotions politiques et de tous les événements qui tendent à exalter les passions de l'homme. La révolution française, déjà si remarquable par la place qu'elle occupe dans l'histoire des peu-

ples, a fait naître, chez les individus, une foule
d'actions d'héroïsme bien propres à rassurer
l'humanité et à lui faire oublier les sanglants
sacrifices qui ont signalé cette époque mémo-
rable. Dans les grandes oscillations que subit
un peuple dès qu'il abandonne son état normal, il ne suffit pas de le voir dans une de ses
phases extrêmes, il faut le suivre dans tout
l'intervalle qu'il parcourt.

On peut se demander encore si un même peuple est comparable à lui-même, à différentes
époques de son existence? J'avoue que de pareilles comparaisons me semblent plus légitimes, surtout si les lois n'ont point sensiblement varié et si l'activité de la justice ne s'est
pas relâchée. Mais alors même, il ne faut pas
se borner à compter les délits, il faut aussi
apprécier les causes qui les ont fait naître.

Si la France continue à publier les documents recueillis par ses différents tribunaux, il
sera curieux de rechercher plus tard si certains
crimes se sont multipliés, et de reconnaître les
causes des variations qui ont pu survenir.

Pour faire comprendre ma pensée, je citerai
un exemple. Je prendrai pour point de départ,
la courbe de criminalité, c'est-à-dire la ligne
qui, pour l'époque actuelle et pour chaque
âge de la vie, indique le degré plus ou moins

grand du penchant au crime. Nous avons vu que c'est vers l'âge de vingt-cinq ans que ce penchant atteint son maximum, et ce résultat s'est reproduit d'année en année. Maintenant est-il à présumer qu'il subsistera encore dans un siècle, dans deux siècles, et avec la même intensité ?

Les fluctuations que subira le maximum, donneront naissance à une courbe nouvelle qui, par ses ondulations, indiquera le développement du penchant au crime pour la nation, comme le fait pour les individus la courbe que nous connaissons déjà. Ce ne sera plus l'homme moyen qu'on suivra pendant les différentes périodes de sa vie, mais tout un peuple pendant la succession des siècles. Nous nous formerons ainsi une idée des variations qui auront été produites.

Nous pourrons figurer de la même manière les fluctuations des autres qualités morales de l'homme, qui sont susceptibles d'être exprimées en nombres, et rechercher ensuite les causes qui les ont modifiées aux différentes époques.

Le nombre des crimes ne dépend pas seulement de la moralité des individus et des conditions sociales dans lesquelles ils se trouvent, mais encore des lois qui devraient être en parfaite harmonie avec les mœurs et les besoins des peuples. C'est en général de ce défaut d'harmonie que naissent les désordres de la société.

Quelquefois aussi le crime prend sa source dans l'esprit d'imitation, que l'homme possède à un haut degré et qu'il manifeste en toutes choses. Il n'est pas d'action si extravagante, de crime si atroce qui ne trouve des imitateurs, surtout si le public s'en est préoccupé. Aussi est-il fort à regretter que les journaux et les divers écrits que le peuple lit avec le plus d'avidité, se fassent les continuels échos de toutes les turpitudes qui affligent un État. Ils deviennent, sans le savoir, une cause puissante de démoralisation. On devrait couvrir d'un voile épais ces fléaux, non-seulement parce qu'ils affligent et dégradent le corps social, mais encore parce qu'ils exercent une influence contagieuse.

Les maladies morales sont comme les maladies physiques : il en est de contagieuses ; il en est qui sont épidémiques ; il en est d'autres qui sont héréditaires. Le vice se transmet dans de certaines familles comme les scrofules et la phthisie. La plupart des crimes qui affligent un pays, partent de quelques familles qui exigeraient une surveillance particulière, un isolement semblable à celui qu'on impose aux ma-

lades soupçonnés de porter des germes pesti-
lentiels.

A quoi sert, en France, de donner tant d'éclat
au jugement et à la punition des régicides?
Tout cet appareil déployé par la première as-
semblée du royaume est une ovation éclatante
que bien des fanatiques consentent à payer au
prix de leur tête. Et si le coupable meurt avec
quelque sang-froid, s'il montre du courage,
c'est un nouvel appel à la vanité et au crime.

Il est des héros de toute espèce : il en est
pour toutes les classes de la société. L'assassin
qui porte avec fermeté sa tête sur l'échafaud,
est un héros aussi; il trouve des admirateurs,
et trop souvent des imitateurs serviles.

Si l'on croit à la nécessité de la peine de
mort, qu'on ne l'étale du moins pas sous les
yeux du peuple. Dès que le crime a été constaté d'une manière solennelle et publique, dès que
la loi a prononcé, que le glaive frappe, mais
que ce soit entre les murs d'une prison. Qu'on
n'attire pas les regards du peuple sur un hideux supplice qui épouvante les uns et habitue
les autres à ces spectacles sanguinaires.

L'effet moral que veut produire le législateur, serait obtenu d'une manière plus sûre par
le silence mystérieux qui couvrirait le supplice.
Quelques témoins seulement seraient appelés

à y assister, pour présenter toutes les garanties que la société peut exiger dans une pareille circonstance.

On devrait éloigner à jamais des yeux du peuple ces échafauds, restes hideux du moyen âge, où l'homme est exposé au mépris de ses semblables, où on le montre, fixé à un pilori, comme une bête sauvage, où on le stigmatise d'un fer brûlant, où on le mutile pour l'égorger ensuite.

Que peut-on espérer, même de la moins cruelle de toutes ces punitions? Croit-on produire une impression bien vive sur le peuple? Ce qui doit le frapper avant tout, c'est *la certitude que le crime ne peut rester impuni* et que la justice l'atteindra d'une manière sûre et avec promptitude.

La plupart de ceux qui montent sur l'échafaud avaient compté sur l'impunité. Or, c'est l'espoir de cette impunité qu'il faut leur ravir.

Quant au coupable même à qui l'on veut ménager les moyens de s'amender et de rentrer un jour dans la société, de quel front osera-t-il y reparaître, surtout s'il porte sur lui cette marque brûlante de l'infamie qui l'avertit incessamment qu'il s'est établi une barrière insurmontable entre la société et lui; que toute la bienveillance qu'il peut mériter encore, ne doit s'acquérir qu'au prix de mensonges et par le soin qu'il mettra à cacher cette flétrissure qui lui a été imprimée par la main du bourreau ?

Vous vous étonnez du nombre des récidives, mais c'est vous qui les avez fait naître. Vous commencez par flétrir, et ce qu'ont dégradé vos mains, vous exigez qu'il reparaisse dans son éclat primitif.

Les hommes qui se sont occupés avec le plus de soin du régime pénitentiaire, ont senti la nécessité d'isoler les condamnés, d'empêcher même qu'ils ne puissent se reconnaître entre eux, afin de leur ménager les moyens de venir, un jour, reprendre leur place dans la société. On les a vus, dans un congrès spécial tenu à cet effet, se préoccuper de l'espèce de vêtement qu'il fallait donner aux détenus dans l'intérieur des prisons et dessiner jusqu'à la forme des casquettes qui cacheraient le mieux leurs traits aux yeux des malheureux compagnons de leur infortune. Et tandis que ces hommes compétents croient à la nécessité de tant de précautions dont quelques-unes sont peut-être exagérées, d'une autre part, le condamné, avant d'entrer dans cette prison où il deviendra l'objet de tant de sollicitude, est exposé, en plein

jour, à la curiosité insultante du public; et
toutes les précautions ont été prises par le
bourreau pour qu'il lui soit impossible de s'y
soustraire. Étrange contradiction ! Que penser
de nos pénalités mises en présence de nos doctrines actuelles ?

CHAPITRE IV.

De l'antagonisme des nations.

Avant que des liens de bienveillance et des lois protectrices eussent uni les hommes entre eux, chacun devait veiller à sa propre conservation, chacun était arbitre de ses droits et les faisait valoir, s'il en avait la force, sans qu'un tiers eût à exercer le moindre contrôle sur ses actions. Le plus fort dépouillait le plus faible, enlevait ce qui pouvait exciter sa convoitise, portait l'insulte et la mort chez ses voisins, et se faisait impunément des trophées du produit de ses brigandages.

Grâce aux progrès des lumières, cet état de choses ne subsiste plus. Des lois pleines d'humanité ont assuré les droits du faible contre l'oppresseur ; la justice est descendue parmi les hommes. L'être le plus chétif trouve aide et protection pour sa personne et pour ses biens ; et ces garanties sont établies d'une manière si solide, qu'il n'est point d'homme qui ne repoussât avec indignation l'assurance qu'elles n'existent pas dans la nation dont il fait partie.

Comment se fait-il donc que, pendant que

ces sentiments d'équité sont si profondément
gravés dans le cœur des hommes quand il s'a-
git des individus, on en ait encore des notions
si confuses quand il s'agit des peuples?

Eh quoi, l'on trouve que la civilisation a fait
des progrès immenses, et les nations, considérées dans leurs rapports mutuels, sont encore
dans la plus complète barbarie! Qu'un État,
par son activité, par son industrie, porte om-
brage à un État voisin plus puissant que lui,
qu'il vienne à exciter sa jalousie, il le verra,
sous le prétexte le plus futile, ruiner son commerce, brûler ses flottes, saccager ses villes. Il
se trouvera réduit à un état si misérable, que,
de longtemps, il ne pourra se relever des coups
qu'il aura reçus.

Les plus forts s'enrichissent des dépouilles
de ceux qu'ils peuvent écraser impunément;
chaque larcin devient pour eux l'objet d'un
triomphe; et ces exactions se poursuivent jusqu'au jour où, eux-mêmes, ils sentent le besoin de s'entre-détruire pour s'assurer l'empire
suprême. C'est ainsi que Rome est demeurée la
maîtresse du monde, après avoir vaincu et ruiné tous les peuples qui étaient restés debout
devant elle.

Il est des lois contre le vol, le duel, le meurtre, l'assassinat, dès qu'il est question des indivi-

dus; mais il n'en existe pas quand il s'agit des nations. Sous le nom de droit des gens, on est convenu de quelques formes qui rendent moins odieux en apparence les crimes que les États commettent entre eux; on règle en quelque sorte le cérémonial, on arrête la forme du duel, quand deux peuples vont s'égorger.

Il faut le dire à la gloire de l'humanité, le dix-neuvième siècle tend à entrer dans une voie nouvelle; il a compris qu'il doit exister aussi des lois et des tribunaux pour les peuples, et que les crimes de nation à nation, pour être exécutés sur une échelle plus grande, ne sont pas moins haïssables que les crimes d'individu à individu.

Plusieurs des grands peuples de l'Europe ont pris une glorieuse initiative; ils se sont constitués juges des différends qui pouvaient survenir. Toutefois un tribunal si puissant et qui s'est attribué la suprématie, comme le font les plus forts chez les peuples naissants, ne peut, dès son début, marcher d'un pas ferme dans le chemin de l'équité. Plus d'un procès a été jugé, sans que la partie mise en accusation ait été entendue; plus d'un jugement a été rendu par l'un ou l'autre juge individuellement qui s'en appropriait les bénéfices.

Combien de temps faudra-t-il encore pour

que l'égalité devant la loi, qui règne parmi les hommes, s'établisse aussi parmi les nations? Sera-t-il possible jamais d'obtenir des juges parfaitement désintéressés dans les causes où ils auront à prononcer?

A voir les attitudes des peuples, de ceux même qui font étalage des relations les plus amicales, des sympathies les plus vives, on dirait qu'ils sont en hostilité perpétuelle. Toujours sous les armes, s'observant toujours, on les croirait à la veille d'un combat ; des sentinelles de toute espèce couvrent leurs frontières ; le paisible voyageur ne peut traverser leurs lignes sans avoir été questionné ou molesté par les uns, fouillé ou rançonné par les autres. Je laisse aux économistes le soin d'examiner les nécessités politiques d'un pareil système *protecteur*. Il faut bien, puisqu'en général elles subsistent encore chez les nations les plus civilisées, il faut bien croire que ces nécessités sont grandes et qu'elles sont universellement senties.

Il y a loin de cet état de choses à un cosmopolitisme prêché par quelques écrivains et qui consisterait à faire passer un niveau de plomb à la surface de notre globe, et à détruire toute espèce d'*esprit national;* autant vaudrait étouffer aussi, chez l'homme, cet amour-propre bien entendu, ce sentiment de dignité personnelle qui l'élève au-dessus de lui-même et le rend capable des plus belles actions comme des plus grandes entreprises.

Il faut savoir se préserver de ces deux écueils qui peuvent devenir également funestes. Trop peu de nationalité relâche tous les liens qui constituent le corps social ; trop de nationalité, au contraire, en resserrant les mêmes liens outre mesure, finit par étouffer l'individualité au dedans, et par produire l'isolement au dehors.

SECTION TROISIÈME.

CHAPITRE PREMIER.

**Des sciences, des lettres et des beaux-arts ; époque
où ils fleurissent.**

Tout ce qui est doué d'un principe de vie à
la surface de notre globe, a 'une existence dont
la durée est plus ou moins longue, mais dont les
phases sont généralement les mêmes. Ainsi,
tous les êtres organisés exigent un temps déterminé pour arriver à leur complet développement, et ce n'est qu'après avoir atteint ce dernier terme, qu'ils produisent leurs fruits.
Quand ils approchent de cette période de fécon-
dation, la nature les pare de ses plus riches
trésors, et leur donne un air de santé et de fête,
comme pour célébrer, d'une manière solennelle, l'époque qui doit assurer la perpétuité
de l'espèce.

Les peuples considérés sous le rapport de

l'intelligence, suivent les mêmes lois de développement. Ce n'est qu'après avoir acquis la
force physique nécessaire pour consolider leur
existence, et quand la puissance vitale a atteint
son plus haut degré, que les facultés intellectuelles commencent à se manifester avec énergie et à produire leurs fruits.

Les lettres, la philosophie, les sciences et les
beaux-arts sont aux peuples, ce que les fleurs
et les fruits sont aux plantes; ils indiquent,
d'une manière certaine, que le développement
physique est accompli et que désormais la nation jouit de toute la plénitude de sa force.

Assez généralement la poésie devance cette
époque et se mêle à l'enfance des peuples, comme
l'imagination domine l'enfance de l'homme; elle
jette ses reflets séduisants sur la carrière qu'il
s'apprête à parcourir et l'entoure de ses plus
brillantes illusions.

Le premier besoin d'une nation est de se consolider, de se créer une existence indépendante
et de se procurer les moyens d'y répandre quelques charmes. C'est lorsqu'elle est parvenue à
obtenir tous ces avantages et à jouir du bien-être
matériel, qu'elle cherche à y joindre les trésors
de l'intelligence. Le peuple alors complète son
organisation; il fait acte de virilité. Les sciences
et les lettres ne se développent, chez lui, qu'à la

condition qu'il soit entièrement développé lui-même et qu'il possède le sentiment de sa nationalité.

Dès que le bien-être physique augmente, et qu'il a dépassé une certaine limite, les liens sociaux se relâchent, parce que les individus n'en sentent plus la nécessité : l'égoïsme remplace les vertus du citoyen, et les fruits de l'intelligence deviennent plus rares. Cette période est la troisième et la dernière de la vie des peuples. On commence alors à marcher vers une dissolution imminente.

Le peuple romain avait pris déjà un immense développement physique, quand, à l'exemple des Grecs, il se mit à s'occuper des sciences, des lettres et des arts. Les fruits qu'il recueillit furent tardifs et d'assez courte durée. On les vit disparaître en même temps que se relâchaient les liens qui tenaient unies toutes les parties de l'empire.

La Rome nouvelle qui se consolida à l'ombre de la croix, ne le céda pas, pour la puissance, à sa sœur aînée ; et son front se couronna, comme le sien, de tous les prestiges des produits de l'intelligence.

Il n'est guère de peuple qui n'ait présenté les phases que je viens d'indiquer. On pourrait dire même que ceux qui n'ont pas marqué leur existence, en laissant des traces d'un développement intellectuel, ont été des peuples incomplets. La plupart sont oubliés aujourd'hui, et leur mémoire n'éveille aucune sympathie.

Le peuple grec, au contraire, sera à jamais l'objet de l'admiration des hommes. Il a eu le talent et l'énergie nécessaires pour faire de grandes choses, et le mérite de les avoir exposées avec dignité et consacrées par des monuments qui attestent son génie.

Ici encore, les produits de l'intelligence ne se sont manifestés qu'à partir d'une certaine époque ; et ils ont cessé dès que la puissance du peuple grec a commencé à chanceler et que son patriotisme a fléchi.

BIBLIOTHEQUE   NATIONALE

SERVICE DES NOUVEAUX SUPPORTS

58, rue de Richelieu, 75084 PARIS CEDEX 02 Téléphone   266 62 62

Achevé de micrographier le : 17/05/ 1978

Défauts constatés sur le document original

Ce qui caractérise surtout nos temps modernes, c'est l'association se substituant aux individus chaque fois que ceux-ci, dans leur cercle étroit, ont épuisé tous leurs moyens d'action. Les exemples sont nombreux dans tout ce qui tient à l'intelligence et spécialement dans ce qui concerne l'étude de notre globe.

On a vu, sous le règne de Louis XV, les astronomes et les géomètres de l'Académie royale des sciences de Paris, entreprendre avec dévouement des voyages lointains pour reconnaître la figure de la terre. Tandis que les uns se rendaient en Laponie, les autres passaient les mers et s'enfonçaient dans l'intérieur du Pérou, où les attendaient les dangers les plus grands.

L'Académie royale de Berlin a fait, de nos jours, un appel aux astronomes et leur a demandé d'inventorier les différentes régions du ciel. Cet immense travail a été exécuté avec un zèle qui nous a valu déjà les découvertes les plus importantes. Les étoiles ont été enregistrées avec des soins assez minutieux pour qu'il ne soit plus permis de les confondre avec les corps étrangers qui autrefois passaient inaperçus au milieu d'elles. Aussi, il n'est pas rare de voir que des planètes nouvelles ou des comètes qui, par leur médiocrité, semblaient devoir échapper à toutes les investigations, sont signalées à la fois par plusieurs sentinelles avancées de la science, dès qu'elles se présentent dans des circonstances où le télescope peut les atteindre.

Que dire ensuite de l'empressement avec lequel les observateurs de presque toutes les nations ont répondu, de nos jours, à l'appel fait par la Société royale de Londres dans la vue d'avancer l'étude des grands phénomènes de la physique du globe? Les cinq parties de la terre sont couvertes d'observatoires temporaires, où des savants zélés étudient attentivement, jour et nuit, d'heure en heure, les moindres manifestations des instruments, et cherchent à surprendre à la nature des secrets qui auraient certainement échappé aux études les plus assidues des observateurs isolés.

Quand il s'agit de pourvoir aux intérêts matériels d'un État, chacun est appelé à payer sa dette au trésor; mais il n'en est plus de même quand il s'agit des intérêts intellectuels. Il serait d'ailleurs superflu de faire un appel général: la plupart des hommes devraient reconnaître leur insuffisance. Ceux, au contraire, qui se sentent la force et les moyens nécessaires pour se rendre utiles, finissent par réunir leurs efforts et constituent les académies et les sociétés savantes qui représentent en quelque sorte les facultés intellectuelles de la nation.

Du reste la plupart de ces corps ont des tendances à s'isoler dans un État et à vivre d'une vie particulière: ils ont leurs temps de prospérité aussi, leurs maladies, leur vieillesse et les différentes phases qui caractérisent l'existence des êtres animés.

Bien que les sciences n'appartiennent à aucun peuple en particulier, cependant quand une société savante, constituée par un État, n'en devient pas la manifestation intellectuelle, et ne cherche pas, tout en élargissant le champ des découvertes, à s'en assimiler les principaux fruits pour les répandre autour d'elle, nécessairement elle manque le but de son institution. Elle reste sans force et sans considération, parce qu'elle se place en dehors du corps dont elle devrait faire partie intégrante.

Les associations en général, quel que soit le but de leur institution, quand elles s'isolent dans un État, finissent d'ordinaire par lui devenir plus ou moins nuisibles, à moins que ce ne soient des corps inertes. Ces agrégations ne diffèrent des individus que parce qu'elles ont plus de moyens d'action ; or, si l'individu doit, non-seulement se soumettre aux lois de l'État, mais encore leur donner son appui, à plus forte raison peut-on établir les mêmes exigences à l'égard des associations.

Beaucoup de choses doivent se faire par les

gouvernements, non-seulement parce qu'ils
sont forts, mais encore parce qu'ils ont un caractère de permanence et qu'ils offrent des garanties qu'on ne rencontre pas chez les individus. De simples particuliers, moyennant certaines rétributions, pourraient bien se charger
d'exercer la police, de faire respecter les lois,
de donner un enseignement général, d'entretenir les chemins et les canaux, d'organiser des
armées ; mais on conçoit qu'outre le peu de
garanties que l'on aurait, il serait imprudent
de faire dépendre des choses aussi importantes
d'un seul individu, qui prendrait d'ailleurs
dans l'État une influence dangereuse et tout à
fait anormale.

C'est donc à l'État qu'il appartient de régler
de pareils intérêts ; et l'on conçoit que plus il a
de charges, plus il a droit d'exiger. Il serait,
par suite, absurde de juger du bonheur des habitants par les sommes qu'ils payent au trésor.
Il ne faut pas, en effet, se borner à examiner le
taux des contributions, il faut voir encore ce
que chacun reçoit en retour de ce qu'il paye.

Il se trouve aujourd'hui que les États les plus
éclairés sont généralement ceux où le contri-
buable paye le plus. Est-ce un mal, s'ils font
aussi le plus dans l'intérêt de tous? Il ne faut
cependant pas qu'ils substituent partout leur

action à celle des individus ; qu'ils descendent aux moindres détails ; qu'ils finissent par loger les citoyens, par préparer et dispenser leur nourriture, par confectionner jusqu'à leurs habits. C'est, à la vérité, l'opinion de quelques écrivains modernes qui applaudiraient à un pareil état de choses. Nous ne pourrions jamais y voir, quant à nous, qu'un malheureux empiétement de l'association sur l'individualité. L'une finirait par tuer l'autre ; et un pareil sacrifice serait un sacrilége.

Mais quelles sont les limites où doit cesser l'action de l'individu, pour faire place à une action d'un ordre plus élevé, à celle de la nation ? Ce problème a été très-peu examiné ; et jusqu'à présent, c'est la pratique bien plus que la théorie qui s'est occupée de le résoudre. Ainsi, en Belgique, il est des dépenses de plusieurs espèces : il en est pour le trésor de l'État, pour la province, pour la commune ; c'est qu'on a senti en effet que les exigences ne sont pas les mêmes pour toute l'étendue de l'État, quelque circonscrit qu'il soit, ni même pour toute une province. C'est donc au bon sens et à l'équité qu'on s'en rapporte aujourd'hui, pour régler des parts à payer qui soient en rapport avec les avantages que l'on espère en recueillir.

CHAPITRE III.

Corrélation entre les sciences qui concernent l'homme et les sciences qui concernent la société.

En résumant ce qui précède, on peut conclure qu'il existe une corrélation nécessaire entre les sciences qui s'occupent de l'homme et celles qui concernent le corps social.

Les analogies vont même plus loin qu'on ne le croirait au premier abord : ainsi, tout ce qu'on peut considérer comme un être organisé, tout ce qui est doué de vie, se compose de différentes parties essentielles, dont l'étude constitue une science à part que l'on nomme *anatomie*. On dit ensuite anatomie végétale, animale ou humaine, selon qu'elle se rapporte aux plantes, aux animaux ou à l'homme. Le corps social a son anatomie aussi, qu'on a désignée improprement sous le nom de *statistique*.

Quand on établit un parallèle entre les éléments constitutifs de deux pays, on fait de la statistique *comparée,* comme on ferait de l'anatomie comparée, en établissant des rapprochements entre les êtres organisés du règne végétal ou du règne animal.

Si l'on considère les phénomènes relatifs à la vie, les mêmes analogies subsistent encore ; et la science qui s'occupe de ces phénomènes, prend le nom de *physiologie*. On dit, en suivant toujours le cours des mêmes idées, la physiologie végétale, animale, humaine, selon qu'il est question des plantes, des animaux ou de l'homme. Mais, quand il s'agit des phénomènes vitaux que présente le corps social, quel nom convient-il d'employer ? Faut-il dire aussi *physiologie sociale?* Les idées de corrélation sembleraient le vouloir. C'est dans ce sens qu'en parlant de la société, j'écrivais dans un autre ouvrage (1) : « Ce grand corps subsiste en vertu de principes conservateurs, comme tout ce qui est sorti des mains du Tout-Puissant ; il a aussi sa physiologie, comme le dernier des êtres organisés. Quand nous nous croyons au plus haut de l'échelle, nous trouvons des lois aussi fixes, aussi immuables que celles qui régissent les corps célestes ; nous rentrons dans les phénomènes de la physique, où le libre arbitre de l'homme vient s'effacer entièrement pour laisser prédominer sans atteinte l'œuvre seule du Créateur. L'ensemble de ces lois, qui existent en dehors des temps, en dehors des caprices

____

(1) *Lettres sur la Théorie des probabilités*, p. 263.

des hommes, forme une science à part, à laquelle j'ai cru pouvoir donner le nom de *physique sociale.* »

Quand on se place sur le terrain des sciences
morales et politiques, on trouve que l'homme
donne matière à plusieurs études importantes
qui ne peuvent avoir leurs analogues chez les
animaux et les plantes. La médecine légale et
l'hygiène publique n'existent que comme des
produits nécessaires de la civilisation; ces
sciences se rapportent exclusivement au corps
social; et la dernière s'occupe de l'état sani-
taire du peuple, comme l'hygiène privée s'occupe de la santé des individus dont le peuple se
compose. Il existe, ici, la même corrélation
qu'entre l'économie domestique et l'économie
politique; la première de ces sciences étudie ce
qui peut assurer le bien-être des particuliers, et
la seconde, exclusivement occupée de l'État,
recherche comment les richesses se forment, se
répartissent et se consomment.

Il ne faut pas confondre l'économie politique avec ce que j'ai nommé la physiologie sociale, ce serait confondre les principes par lesquels l'homme modifie et augmente ses biens
matériels, avec les lois divines qui règlent les
phénomènes de sa vie. Il faut aussi la distinguer
de la physique sociale : cette science étudie

plus spécialement les lois de conservation qui perpétuent l'homme et le système social, et qui constituent cette autre mécanique céleste dont le Créateur a si habilement combiné les bases mystérieuses.

Nous avons déjà vu que l'étude et l'application des lois humaines, qui ont été portées à un si haut degré de perfection quand il s'agit des individus, laissent encore les lacunes les plus fâcheuses quand il faut régler les droits et protéger les intérêts des peuples. A voir ce qui se passe autour de soi, on peut se demander si les principes de justice prennent un caractère différent selon qu'il est question des uns ou des autres.

On peut faire la même question au sujet de la morale : les principes qui dirigent l'homme dans sa conduite, subsistent-ils sans modification quand il est question des peuples, et la même science est-elle également applicable au corps et aux éléments dont il se compose? De quelque manière que l'on considère les choses, il ne saurait guère y avoir de doute à cet égard. Les liens qui unissent les individus entre eux et qui constituent la société devraient, en effet, cesser d'exister, dès l'instant qu'il n'y aurait pas assentiment commun au sujet des mêmes principes de morale.

« Ma conviction profonde, dit M. le baron Bignon, est que, dans tout pays, dans tout mode d'administration, donner à la politique extérieure une direction conforme à la morale et à la justice, c'est-à-dire à l'intérêt général des hommes, ne serait pas seulement une œuvre digne de l'éloge des peuples et de l'histoire, mais un système sage, bien entendu, propre à procurer au gouvernement qui en serait capable, des avantages vrais, solides, durables, dont il aurait droit de s'enorgueillir (1). »

Les lois qui président au développement successif des facultés intellectuelles de l'homme, sont encore trop peu explorées pour qu'il soit permis d'établir les moindres rapprochements entre elles et les lois de développement des facultés intellectuelles des peuples, qui n'ont pour ainsi dire point été examinées du tout. Cependant, contrairement aux idées reçues, cette dernière étude jetterait peut-être un grand jour sur la première ; et nous en dirons autant des recherches qui ont pour objet le développement des qualités morales.

Depuis bien des siècles on a disserté sur le libre arbitre de l'homme, sans arriver à aucun

(1) *Sur la conciliation progressive de la morale et de la politique*, tome 1er des Mémoires de l'Académie royale des sciences morales et politiques de l'Institut de France.

résultat positif. Les plus beaux génies ont abordé ce problème épineux avec une force de raison et quelquefois avec une éloquence admirables; cependant ont-ils bien réellement porté la conviction dans les esprits? On peut en douter, à voir les dissentiments qui existent encore à cet égard chez les écrivains les plus distingués.

Le cercle étroit dans lequel ils se sont toujours renfermés, en isolant l'homme et en le soumettant exclusivement à leurs recherches, ne leur a pas permis de voir la question dans toute son étendue, ni de reconnaître par quelles admirables combinaisons la Divinité a voulu que l'homme se meuve librement dans des limites, qui se resserrent d'autant plus que son action tend à s'étendre davantage.

Quand deux sciences sont corrélatives, il n'est pas indifférent de placer l'étude de l'une avant celle de l'autre. Les nombres que nous donne la statistique morale, font pour ainsi dire toucher du doigt les étroites limites dans lesquelles agit notre libre arbitre, quand il se trouve en présence de la société et surtout des lois éternelles qui en règlent la marche. La connaissance de l'homme se déduit, ici, de l'étude du corps social. Nul doute que des observations pareilles, continuées avec toute la prudence qu'exigent des matières aussi graves et aussi difficiles, ne fassent reconnaître des faits qui intéressent au plus haut point les sciences morales et qui resteraient inaperçus, en recourant aux études philosophiques les plus persévérantes, et en poursuivant la vérité à travers le champ des abstractions.

La marche que j'indique est plus timide sans doute, mais elle expose moins à s'égarer : si l'on quitte un instant la bonne voie, on est presque toujours sûr de pouvoir y rentrer. Ajoutons encore que les résultats que l'on retire de ces explorations, sont d'une application plus directe et plus immédiatement utile.

LIVRE TROISIÈME.

DE L'HUMANITÉ.

CHAPITRE PREMIER.

L'homme intellectuel a progressivement effacé l'homme physique.

En déroulant les annales de l'humanité, un premier fait fixe notre attention, c'est le triomphe toujours croissant de l'homme intellectuel sur l'homme physique. Tandis que l'un reste stationnaire, l'autre est essentiellement progressif; et, par cette faculté précieuse, il se distingue entre tous les êtres de la création.

Aux premiers âges du monde, l'homme se regardait comme le maître et le roi de la nature, il s'exagérait à la fois son importance et la place qu'il occupe dans l'univers. Il semblait que tout eût été créé pour lui, que les éléments fussent ses tributaires et que rien ne pût résister à sa puissance matérielle.

Pendant longtemps encore le plus fort fut le plus considéré, et le courage fut rangé parmi les principales vertus. Même à l'époque où la Grèce envoyait devant Troie l'élite de ses guerriers, le héros le plus distingué était celui qu'on réputait capable de tuer de sa main le plus d'ennemis. Ajax, fils de Télamon, était le rival d'Achille; et il disputa au prudent Ulysse les armes d'Hector. Cependant Ajax est en quelque sorte le type de la force matérielle, tandis qu'Ulysse est celui de la sagesse et de l'intelligence.

A travers les fictions poétiques du moyen âge, on voit les qualités physiques prédominer encore sur les qualités morales et intellectuelles : Roland est la personnification de ce que l'humanité a de plus relevé; et si le puissant Charlemagne prend noblement sa place à côté de lui, c'est moins parce qu'il est grand législateur et monarque d'une haute intelligence, que parce que, dans un combat, il ne le cède à personne pour la vaillance et la force de son bras.

On aurait peu d'estime aujourd'hui pour un prince qui n'opposerait à ses ennemis qu'une vigueur herculéenne et une bravoure à toute épreuve. Ce n'est pas seulement dans les combats que l'homme a vu la suprématie physique s'abaisser devant la suprématie intellectuelle ;

quand il a jeté ses regards autour de lui et qu'il s'est mis à mesurer la place qu'il occupe dans l'univers, cette place s'est d'autant plus resserrée à ses yeux, que ses connaissances se sont étendues davantage.

La science lui a fait comprendre que ce globe, dont il n'occupe qu'un coin, ne doit être considéré lui-même que comme un grain de poussière perdu dans l'immensité des cieux ; que des millions de mondes flottent, ainsi que le nôtre, dans l'espace dont nous ne pouvons sonder les profondeurs qu'avec les yeux de l'intelligence ; elle lui a permis cependant de reconnaître les distances de plusieurs de ces mondes, leurs mouvements, leur poids, et de déterminer jusqu'aux lois de la pesanteur à leur surface.

L'homme a donc fini par sentir, et son orgueil a dû en être satisfait, que, s'il est physiquement très-borné, son intelligence est immense, et qu'il n'a été donné qu'à lui seul de pénétrer dans les secrets de la création et d'en étudier les lois mystérieuses : lui seul peut acquérir la science, cet élément indispensable de tout progrès et sans lequel il resterait à jamais stationnaire.

Depuis l'origine du monde nos facultés physiques ne semblent pas s'être développées ; ni notre vue ni notre bras n'ont acquis plus de puissance. Il paraîtrait au contraire que, plus nous nous éloignons de l'état de nature, plus nous baissons sous le rapport physique : faute d'exercice, la vue perd de sa pénétration, l'ouïe de sa finesse, l'odorat et le goût de leur discernement instinctif, et nos membres de leur souplesse. Nos facultés intellectuelles mêmes, considérées comme forces actives, ont peut-être moins de vivacité. La poésie moderne n'a point fait oublier les chants d'Homère ; nos sculpteurs et nos architectes s'applaudissent quand ils ont heureusement imité les monuments anciens ; quant à la musique, il nous est malheureusement impossible de porter un jugement, mais, à en croire les témoignages de l'antiquité, c'est l'art qui doit y avoir été porté au plus haut point de perfection ; c'est du moins celui qui produisait le plus de merveilles et d'enivrement.

Les modernes ne luttent avec succès contre les anciens qu'en prenant la science pour auxiliaire ; dès qu'ils sont abandonnés à leurs propres forces, ils doivent souvent reconnaître leur infériorité. Mais combien cet auxiliaire ne leur donne-t-il pas de puissance ? Il prête à chacune de leurs facultés une portée immense et qui s'accroît encore chaque jour. Pour n'en citer qu'un exemple, la vue, celle de nos facultés que la nature semble avoir développée avec une prédilection particulière, la vue, grâce aux progrès de l'optique, a élargi prodigieusement la sphère de son action. Non-seulement elle a pu saisir, au moyen du télescope, des corps célestes assez éloignés pour qu'elle n'en soupçonnât pas même l'existence, mais encore elle a reconnu à leur surface les différentes particularités qu'ils présentent.

La science qui reculait ainsi, pour l'homme, les limites naturellement visibles de la création, s'efforçait aussi de reculer d'autres limites et de lui faire saisir les moindres détails des corps qui, par leur petitesse, paraissaient devoir rester éternellement enveloppés d'un voile mystérieux.

Par ses progrès constants, la science n'a pas seulement amplifié la portée de nos facultés physiques, elle a donné aussi plus de consistance à nos facultés morales et intellectuelles, en leur offrant des points d'appui nombreux qui favorisent leur action. Chaque jour, elle étend le domaine de l'homme et multiplie ses jouissances. Ce n'est donc pas sans raison que ses plus fidèles interprètes reçoivent aussi, chaque jour, une part de considération plus large dans notre organisation sociale et que l'estime se mesure sur les services réellement rendus.

Le monument qui s'élève et qui est uniquement dû aux travaux intellectuels de l'homme, prend sans cesse des proportions plus majestueuses, sans qu'il soit possible de prévoir quelles seront les limites de son développement, ni la hauteur à laquelle il pourra jamais atteindre. En contemplant ce noble édifice, ouvrage de tant de siècles et de tant de persévérance, on fait involontairement un douloureux retour sur soi-même; on se demande, en mesurant la faiblesse et l'audace de l'homme, si son intelligence ne s'occupe pas de réédifier, sous une autre forme, cette même Babel que ses mains construisaient autrefois.

Quel que soit l'avenir réservé à ce monument gigantesque, l'homme, en y travaillant, obéit à un instinct irrésistible, à une force mystérieuse qui enchaîne sa volonté. Lui seul, dans la création, a été appelé à l'honneur de le construire; mais il ne lui a pas été donné de commencer une partie avant l'autre; chaque pierre doit être placée en son temps, doit occuper son lieu; tout est prévu, tout est combiné, et l'on sent que c'est la main même du grand architecte de l'univers qui en a tracé le plan et déterminé les proportions.

CHAPITRE II.

Le développement intellectuel de l'humanité suit les mêmes phases que le développement intellectuel des individus.

Observez l'homme, et suivez dans son enfance le développement de ses premières notions ; il est frappé des moindres phénomènes, et dans l'impuissance de se les expliquer et d'en reconnaître les causes, il les attribue à des êtres surnaturels.

Plus tard, son attention se fixe davantage sur les choses qu'il aperçoit : il les observe ; il cherche à reproduire les faits pour les mieux étudier ; il tente la voie de l'expérience ; et, cette fois, il cherche à ce qui le frappe des causes naturelles dont il étudie le mode d'action et l'intensité. Si même son esprit est suffisamment cultivé par la science, il s'efforcera d'apprécier, au moyen du calcul, les effets produits, et d'aller au-devant des faits, en les déduisant de la théorie comme des conséquences nécessaires.

Telle est aussi la marche de l'esprit humain, ou plutôt telle est l'histoire des sciences. L'homme, dans la série des siècles, n'a pas procédé autrement : il a vu ; il a observé les faits ; il a tenté

de les reproduire par l'expérience pour les
mieux étudier sous toutes leurs faces; il en a
recherché les causes; il a apprécié les forces
qui les font naître ou qui les modifient; puis il
a calculé *à priori* toutes les particularités qu'ils
peuvent présenter. Cette succession d'opéra-
tions s'applique également à toutes nos sciences, seulement toutes ne sont pas également
avancées et ne se trouvent pas dans la même
période de leur évolution.

Ainsi la propriété de l'aimant naturel était
connue dans l'ancienne école d'Ionie, six siècles
avant l'ère chrétienne; et probablement, déjà
bien avant cette époque, elle avait fixé l'attention des hommes. Nous ignorons quels sentiments ont dû naître en eux, à la vue de ces
attractions exercées à distance entre des corps
entièrement indépendants les uns des autres ;
mais il paraît très-vraisemblable qu'ils ont dû
éprouver plus que de l'étonnement et croire à
des causes surnaturelles.

Ces phénomènes, plus connus et mieux observés, ont pris rang ensuite dans la science ; on
les a reproduits par l'expérience ; on a construit
des aimants artificiels et constaté des propriétés
qui avaient échappé d'abord aux observateurs.
L'action de la terre sur l'aimant a fait naître
l'idée de la boussole, et la conquête de notre

globe a été le fruit de cette curieuse et féconde invention. Cependant on était loin encore d'avoir pu réduire à des principes fixes le mode d'action des aimants. La théorie mathématique du magnétisme appartient à ce dernier siècle ; elle nous permet, à son tour, de descendre des lois générales aux faits particuliers et d'aller en quelque sorte au-devant de ce qui a pu échapper à l'observation. C'est ce dernier terme qui est l'indice le plus sûr du perfectionnement d'une science.

L'astronomie a suivi les mêmes phases : les phénomènes qu'elle présente ont également excité l'étonnement des premiers hommes, leur ont fait supposer aussi des agents surnaturels dans les moindres mouvements célestes. L'observation plus calme a permis de mieux voir les choses, de les ranger en leur véritable place et d'en déterminer exactement la nature. La science a reconnu ensuite les forces qui produisent ces divers phénomènes ; et la mécanique céleste est venue couronner l'œuvre en déduisant d'un grand principe, comme conséquences naturelles, non-seulement tous les mouvements célestes que l'observation avait constatés, mais encore ceux qui avaient échappé à ses recherches.

Pendant que l'humanité marchait ainsi d'un

pas ferme vers le noble but qu'elle se proposait d'atteindre, tous les peuples dont elle se compose ne prenaient pas une égale part à ce grand mouvement de l'intelligence. Aujourd'hui même, nous les trouvons encore inégalement avancés dans la carrière parcourue. Les uns se trouvent au point de départ, et pour eux la science n'a rien produit : semblables à l'enfant qui se connaît à peine ou aux hommes des temps primitifs, chaque chose devient à leurs yeux un sujet d'étonnement, souvent même un prodige.

D'autres, plus nombreux, sont en possession des fruits acquis par l'observation et par l'expérience, mais ils n'ont point eu l'énergie nécessaire pour se porter en avant jusqu'aux dernières limites connues de la science. Ceux qui ont pu atteindre ces limites sont les peuples privilégiés, et que l'on peut regarder comme les sentinelles avancées de la civilisation.

Les deux limites entre lesquelles se rangent les différents peuples, sont donc extrêmement larges, et elles tendent à se séparer encore, chaque jour, par les progrès des sciences. Mais comment les peuples sont-ils distribués entre ces limites? Se classent-ils conformément à la loi des causes accidentelles? c'est ce que nous ignorons, et ce qu'il sera toujours difficile, sinon impossible de reconnaître.

Et chez un même peuple, comment faut-il classer les individus? Quelques-uns sont arrêtés au commencement de la carrière, tandis que d'autres ont parcouru tous les degrés par lesquels a dû passer l'intelligence humaine. On a pu dire de quelques hommes d'élite qu'ils étaient comme le Nil, dont on ne connaît pas la source. Il en est en effet qui franchissent la carrière avec tant de rapidité, qu'on ne commence à les remarquer que quand ils se trouvent de front avec les plus avancés.

Il n'est peut-être pas deux hommes qui, dans une même nation, aient exactement le même degré de lumières, la même masse de connaissances; et, bien qu'il soit impossible de les classer sous ce rapport, nous concevons cependant fort bien qu'il s'en trouve peu vers les limites extrêmes; le plus grand nombre se rapproche d'un état moyen qui n'est pas le même pour les différents peuples, mais qu'on doit s'efforcer de relever de plus en plus. C'est par cette moyenne en effet qu'il faut juger les lumières d'une nation. Le peu d'hommes qui se trouvent à la limite supérieure, donnent ensuite la mesure de ce que cette nation peut faire pour activer l'avancement des sciences et contribuer aux progrès de l'esprit humain.

CHAPITRE III.

Les limites entre lesquelles varient les éléments relatifs à l'homme tendent à se resserrer.

En remontant à l'origine des choses et en suivant l'humanité dans sa marche progressive, on trouve, à chaque époque, une diversité marquée entre les éléments dont elle se compose. Une entière égalité n'a jamais existé parmi les hommes, ni au physique, ni au moral, ni sous le rapport de l'intelligence.

Quoique nous ne possédions aucune donnée précise à ce sujet, nous avons de puissants motifs de croire que, dans les temps les plus reculés, comme aujourd'hui, les hommes ont conservé le même type, et n'ont pu différer entre eux qu'en restant assujettis à la loi des causes accidentelles. Cette loi domine la nature entière ; elle constitue en quelque sorte la vie de cet univers ; elle produit le mouvement et la variété, en laissant à chaque chose son type inaltérable.

Ainsi, sous le rapport physique, les hommes, à une époque quelconque, ont pu être très-dissemblables entre eux pour la taille ou la force, sans que la valeur moyenne de ces deux éléments fût autre qu'elle n'est de nos jours. Alors, comme à présent, ils se trouvaient répartis autour de la moyenne, soit en moins, soit en plus, d'après la même loi ; seulement les limites extrêmes entre lesquelles ces oscillations avaient lieu, pouvaient être très-différentes.

Or, tout porte à croire que, pour les qualités physiques du moins, l'homme moyen n'a point sensiblement varié, mais que les limites se sont progressivement resserrées.

En faisant la part des exagérations qu'on trouve dans les récits anciens, tout prouve en effet qu'il n'existe plus, de nos jours, de ces lignes profondes de démarcation entre les hommes des classes inférieures et ceux des classes privilégiées. Les premiers, mal nourris, mal vêtus, courbés sous un esclavage humiliant, traînaient une malheureuse existence, tandis que les derniers appliquaient tous leurs soins au développement de leurs qualités physiques, qui devenaient la source de leurs succès dans les combats et de leur gloire parmi leurs concitoyens. Les héros d'Homère se classaient, en quelque sorte, d'après le degré de développement des qualités physiques, et ceux qui se distinguaient le plus prenaient rang parmi les dieux.

Il en est de même sous le rapport moral. Nous ne connaissons plus cette affreuse dépravation que quelques anciens n'ont pas rougi d'avouer, d'ériger même en vertu ; mais nous ne voyons pas non plus ces caractères sublimes, ces âmes nobles et fermes qui répandent un si puissant intérêt sur l'histoire ancienne. Insensiblement nous nous sommes trouvés resserrés dans des limites plus étroites.

Quant à ce qui concerne l'intelligence, il est une distinction importante à faire : il ne suffit pas de considérer les facultés mentales en elles-mêmes ; quand on les prend dans un sens absolu, elles n'ont probablement pas varié ; mais il faut tenir compte du progrès des sciences. L'homme placé au faîte des connaissances humaines diffère bien plus aujourd'hui qu'à aucune autre époque, de celui qui est resté dans une profonde ignorance ; et cela doit être : la différence qui existe entre eux est mesurée par toute la distance que les sciences ont parcourue depuis leur origine.

Si, d'une autre part, on abandonne ces extrêmes, qui se composent de rares exceptions, pour ne considérer que la moyenne, il devient intéressant de rechercher si le plus grand nombre, ou ce qu'on est convenu de nommer la masse, s'écarte plus aujourd'hui de cet état moyen qu'à des époques plus reculées. Or, je pense qu'ici, comme pour les qualités physiques et morales, on peut affirmer, sans crainte de s'éloigner de la vérité, que la civilisation, en relevant insensiblement la moyenne, a resserré en même temps les limites entre lesquelles l'homme intellectuel peut varier.

Cette proposition se confirme surtout, quand on considère la position politique et le bien-être des peuples. Par un sentiment naturel, l'homme cherche à resserrer les limites entre lesquelles sont comprises les différentes conditions sociales, et à produire, s'il le peut, une complète égalité. Ce sentiment se trouve particulièrement développé dans la jeunesse, quand l'homme obéit à ses premiers penchants et qu'il n'a pas encore appris à connaître les véritables plaies de la société. Pour lui, la république est de toutes les combinaisons politiques la plus désirable.

On se demandera toutefois si le resserrement indéfini des limites entre lesquelles les hommes peuvent varier, doit être considéré comme un bien, et, en tout cas, si cet état de choses est possible?

L'égalité absolue, si elle pouvait se réaliser, ramènerait la société à son point de départ; et, si elle devenait durable, la plongerait dans la

plus complète atonie : la variété et le mouvement se trouveraient anéantis ; le pittoresque
s'effacerait à la surface du globe ; les arts et
les sciences cesseraient d'être cultivés ; ce qui
fait le plus d'honneur au génie humain serait
abandonné ; et, comme personne ne voudrait
obéir ni se soumettre à un autre homme, les
grandes entreprises deviendraient impossibles.

Si l'égalité absolue doit être considérée comme
un mal, il n'en reste pas moins vrai de dire que
le resserrement des limites, poussé jusqu'à un
certain point, est un véritable bienfait. Mais
quelles sont les limites les plus convenables ?
Ce problème, aussi nouveau que difficile, reste
encore à résoudre.

CHAPITRE IV.

Les moyennes et les limites ne varient que par la science.

L'homme dépourvu du bienfait de la science, serait nécessairement stationnaire, avons-nous dit; il subirait le sort de tous les êtres animés et présenterait, dans ses divers éléments, des fluctuations qui auraient leurs phases et leurs limites déterminées. Mais ces fluctuations, depuis l'origine du monde, n'auraient point subi de variations, parce que rien ne prouve que la nature, depuis cette époque, ait altéré ses lois. Les causes naturelles, qui agissent sur les animaux et les plantes depuis que l'homme a pu les observer, sont restées les mêmes. Je ne parlerai pas des époques antérieures que la géologie nous a révélées, et qui semblent annoncer l'existence de causes que des lois providentielles peuvent avoir modifiées.

Sous le beau ciel de la Grèce, l'olivier suit encore, dans son développement, les mêmes degrés de croissance et les mêmes phases qu'on observait au temps de Codrus. L'arbre type est resté le même; seulement les individus subissent encore, comme alors, des fluctuations dans les divers éléments dont ils se composent; ainsi, jusqu'au nombre des feuilles, si l'on pouvait les compter, jusqu'à la grandeur de ces mêmes feuilles, si l'on pouvait les mesurer successivement, tout enfin aurait conservé la même valeur moyenne et les mêmes limites dans ses variations; tout serait réglé par la même loi des causes accidentelles.

Les seules causes qui puissent apporter des altérations dans les lois naturelles proviennent de l'homme qui, en s'appuyant sur la science, change la culture et parvient à altérer les moyennes et les limites, pendant que la nature, en luttant contre ces forces perturbatrices, conserve toujours la même tendance à rétablir la moyenne et à rentrer dans ses limites qu'on a forcées.

Les animaux, depuis la création, n'ont également rien fait pour changer leur état ou perfectionner les industries qui leur ont été enseignées par la Providence. Ainsi, quelque ingénieuse que soit la fourmi, quelque bon architecte que soit le castor, ils travaillent toujours, depuis qu'on les observe, de la même manière et sans accuser aucun progrès. L'abeille n'a rien ajouté à ses connaissances architectoniques ; l'araignée ne file point son tissu avec plus de perfection qu'elle ne le faisait du temps de nos premiers aïeux.

L'homme seul, par la science, a trouvé le moyen de faire varier les divers éléments dont il dépend, soit sous le rapport de la moyenne, soit sous celui des limites entre lesquelles ces éléments peuvent osciller.

Quant au physique, bien qu'il soit difficile d'établir des comparaisons, parce que nous sommes dépourvus de données qui le permettent, nous reconnaîtrons sans peine qu'il s'est opéré des modifications importantes. La science a corrigé jusqu'à un certain point nos organes, lorsqu'ils devenaient défectueux. Des dissemblances moins grandes ont eu lieu entre les hommes, et pendant que les limites se resserraient, la moyenne s'est élevée successivement.

J'ai déjà parlé des progrès immenses que l'optique a faits depuis quelques siècles ; elle a étendu le champ de la vision pour les presbytes et les myopes, à qui elle a donné la faculté de voir à toutes les distances. Que dis-je ? elle a fortifié la vue au point de permettre de saisir les moindres détails de mondes qui échappaient à l'analyse, soit par leur petitesse, soit par leur prodigieux éloignement. Des infortunés qui, autrefois, restaient condamnés à ne plus voir la lumière ni le spectacle de la création, ont pu jouir encore de ce bienfait.

L'acoustique a également étendu la portée de l'ouïe, et tous les hommes ont été appelés indistinctement à recueillir les fruits de ses découvertes.

La science a fait sentir partout son action salutaire; elle a diminué le nombre des défauts corporels, et de tous les fléaux en général qui tendent à détériorer notre espèce. On doit surtout à la vaccine, à l'orthopédie, à l'art chirurgical de compter aujourd'hui moins de difformités; tandis que la gymnastique et l'hygiène s'efforcent de donner plus de souplesse et de force à nos membres et un développement normal à toutes nos facultés physiques.

Les progrès des sciences médicales ont rendu certaines maladies moins longues et moins douloureuses et ont contribué à prolonger la vie moyenne de l'homme. Il ne faut pas espérer cependant, avec Condorcet, que cette moyenne puisse s'allonger indéfiniment. Nous avons déjà vu que la mortalité se règle d'après d'autres lois que celles qu'on serait tenté de déduire de l'avancement de l'art de guérir.

Les épidémies sont devenues moins fréquentes, les disettes moins destructives; et quand

arrive une de ces années désastreuses qui mois-
sonnaient tant de monde à des époques plus reculées, l'aisance plus générale fait que chacun
aujourd'hui doit moins en craindre les conséquences.

Les fortunes particulières, d'une autre part,
tendent vers une certaine égalité ; les lois dans
la plupart des États civilisés, sont faites de manière à ne plus concentrer de grands capitaux
dans des familles privilégiées.

En considérant la société sous le rapport
moral, on trouve que les crimes et les dévastations sont moins nombreux, les guerres moins
fréquentes et généralement accompagnées de
moins de circonstances affligeantes ; les prison-
niers sont aussi traités avec plus d'humanité.
Depuis longtemps l'esclavage a cessé d'être
connu dans l'Europe civilisée ; dans plusieurs
États même, tous les hommes sans distinction,
ont été déclarés égaux devant la loi.

Chacun jouit de plus de sécurité pour sa personne et pour ses propriétés; les caisses d'épargne et les sociétés d'assurances cherchent à prévenir les désastres qui atteignent les particuliers, en faisant peser d'une manière équitable,
sur tous, les maux qui autrefois ne frappaient
qu'un seul. Ces maux s'atténuent et s'effacent
en quelque sorte en se distribuant dans les

masses, au lieu de se concentrer sur un même point.

Sous le rapport intellectuel, les développements de l'instruction tendent, de leur côté, à faire naître plus d'égalité parmi les hommes ; les connaissances se répandent avec facilité dans tous les rangs de la société. L'imprimerie a surtout favorisé cette immense diffusion des lumières.

L'établissement des chemins de fer, en multipliant de nos jours les points de contact entre les peuples, doit nécessairement amener des résultats analogues. Grâce à cette merveilleuse invention, secondée par celle des machines à vapeur, le globe même semble avoir resserré ses limites.

L'influence de l'homme ne s'est pas exercée seulement sur sa personne ; elle s'est étendue sur tout ce qui l'entoure : sur les plantes, sur les animaux et même jusque sur les climats dont il est parvenu à modifier la nature. Partout on voit la science resserrant les limites des éléments assujettis à des variations, en même temps qu'elle relève les moyennes.

CHAPITRE V.

Marche de la civilisation à la surface du globe.

L'histoire des progrès de l'esprit humain forme le plus beau titre de noblesse que l'homme puisse invoquer; ce monument lui appartient sans partage.

Mais comment le grand mouvement de la civilisation s'est-il propagé sur le globe, et dans quels lieux a-t-il pris naissance ? Sa marche, dans les premiers temps, a été enveloppée d'épaisses ténèbres ; tout cependant porte à croire qu'il s'est d'abord manifesté dans l'Orient, et qu'il a passé plus tard en Égypte. En s'établissant ensuite dans la Grèce, la civilisation y brilla de l'éclat le plus vif, jusqu'au moment où abandonnant la cause des vaincus, elle suivit les aigles victorieuses du peuple romain qui semblait vouloir l'étouffer dans l'asile qu'elle s'était choisi, et qui finit par devenir lui-même son tributaire. Après avoir lutté pendant longtemps contre les invasions des barbares du nord, elle prit une activité nouvelle et se dirigea vers les régions mêmes qui avaient failli compromettre son existence. Ce torrent immense a pu s'arrêter quelquefois devant les barrières qui lui étaient opposées, mais jamais il n'a remonté vers sa source. On peut bien, à l'aide de l'histoire, étudier les pentes qu'il a suivies, les affluents qu'il a reçus, les bassins dans lesquels il a séjourné ; mais quel œil assez pénétrant pourrait prévoir la marche qu'il aura désormais, reconnaître les pays qu'il est destiné à parcourir et les nouveaux progrès qu'on peut en attendre ? C'est depuis l'instant où la civilisation s'est établie dans la Grèce, qu'on a pu commencer à étudier ses développements d'une manière plus régulière. « La Grèce, dit M. Mignet, dans un travail remarquable *sur l'introduction de l'ancienne Germanie dans la société civilisée de l'Europe occidentale* (1), la Grèce qui était dans le voisinage des pays orientaux et qui se trouvait dès lors la mieux située pour recevoir leur civilisation, en eut la première communication. Depuis, celle-ci fut transmise de proche en proche, sur le continent européen, en s'y étendant sans cesse, quoique d'une manière intermittente. Cette intermittence fut due à l'action réciproque et au triomphe alternatif des deux masses civilisée et barbare, dont

____

(1) *Mémoires de l'Institut de France*, *Académie des sciences morales et politiques*, tome III, p. 678.

la première fit toujours des progrès, même après ses défaites, et dont la seconde continua ses pertes, même après ses victoires.»

La civilisation n'est point parvenue à la hauteur où elle se trouve actuellement par des accroissements réguliers et successifs; plusieurs fois elle a été stationnaire, et plusieurs fois aussi elle a reçu des impulsions puissantes et imprévues. Il semble que la paix doive être la condition indispensable de son développement; et cependant c'est presque toujours au milieu des batailles qu'on l'a vue se raffermir et s'étendre.

La science, avons-nous dit, est le plus puissant élément civilisateur; tout ce qui tend à la propager doit donc hâter les progrès de l'esprit humain. Toutefois, il faut juger de la civilisation, non par quelques esprits d'élite qui apparaissent toujours en petit nombre, mais par la masse des connaissances répandues chez le peuple.

Il se pourrait que l'invention de l'imprimerie n'eût point fait naître un seul génie de plus, mais, en versant à grands flots la lumière parmi les hommes, elle a rendu des services immenses. Quelques individus ne sont rien dans le corps social; c'est la moyenne prise sur tous les hommes qu'il faut considérer; et tant qu'on n'a point réussi à la relever, on n'a rien fait pour l'humanité.

Celui qui parviendrait à établir une langue universelle, aurait donné à l'esprit humain une des impulsions les plus fortes qu'il puisse recevoir. La diversité des langues forme un véritable obstacle à l'échange des lumières et à l'acquisition de connaissances nouvelles. Tous les philosophes qui se sont occupés des progrès de l'esprit humain, sont unanimes sur ce point; mais il est dans la nature de voir ce qui est le mieux, sans pouvoir l'exécuter.

Un petit peuple qui a sa langue particulière et qui ne consentirait pas à en parler d'autres, s'isolerait aujourd'hui au milieu de l'Europe, et finirait bientôt par se trouver en dehors de la civilisation. C'est par des rapprochements nombreux que la science se répand parmi les hommes, et que la civilisation s'affermit. Sous ce rapport encore, l'application de la vapeur aux moyens de locomotion, et l'invention des chemins de fer doivent trouver une place remarquable dans l'histoire des progrès de l'esprit humain.

CHAPITRE VI.

Types pour le beau et pour le bien ; difformités, et excès.

La théorie que je vais exposer sommairement me forcera de revenir sur quelques idées émises dans les deux livres précédents, dont ce chapitre forme en quelque sorte le résumé. Je tâcherai toutefois de me resserrer dans les bornes les plus étroites possible.

Nos différentes qualités sont soumises à des fluctuations plus ou moins grandes ; mais ces fluctuations ne sont pas toutes de même nature ; plusieurs se font autour d'un état moyen *constant*, et ne subissent que l'influence des causes accidentelles. Ce sont ces qualités qui vont nous occuper d'abord.

Prises dans leur état normal et telles que la nature nous les a données, elles peuvent être considérées comme le type de la perfection ; ce n'est que dans leurs plus grands écarts par rapport à l'état moyen, qu'elles présentent des défectuosités ; et ces anomalies deviennent d'autant plus choquantes que les écarts sont plus considérables.

Trop ou trop peu de taille, trop ou trop peu d'embonpoint constituent des difformités au physique. Nous avons déjà vu en effet que, pour arriver à cet état, il faut non-seulement s'écarter de l'unité qui sert de type, mais encore altérer les rapports de grandeur : ainsi, le géant aura la tête trop petite relativement à sa taille ; et le nain, au contraire, l'aura trop grande.

Chacun des membres de l'homme a une proportion normale, et se trouve en rapport avec l'ensemble du corps ; quand cette proportion est dépassée, nous en sommes péniblement affectés, soit que l'habitude de voir et de comparer imprime en nous l'idée d'un type, soit que cette idée y préexiste et souffre d'être blessée.

Je considère donc l'homme moyen comme étant, au physique, le type de la beauté, et les hommes les plus difformes sont ceux qui s'en écartent le plus. Il est bien entendu que ce type n'est pas le même à chaque âge.

Cette assertion est vraie aussi pour nos organes. Ainsi, notre vue a une certaine portée normale ; et, quand cette portée n'est point atteinte ou se trouve dépassée, l'homme est myope ou presbyte, défectuosités dont la science est heureusement parvenue à corriger les inconvénients.

En général, tout ce qui, chez l'homme, est susceptible d'une appréciation exacte, et les qualités physiques sont dans ce cas, présente évidemment un état normal et des fluctuations plus ou moins étendues autour de cet état. Ces fluctuations dépendent, comme nous l'avons dit, d'une même loi, de la loi des causes accidentelles.

L'état normal, pour quelques-unes de nos qualités, est facilement saisissable, pour celles par exemple, qui tombent sous le sens de la vue ; aussi en avons-nous une conscience si intime qu'elle équivaut en général à un sentiment inné. Il n'en est pas tout à fait ainsi quand il s'agit de se prononcer sur des qualités que nous sommes habituellement moins à même d'apprécier et de comparer entre elles. Le sentiment nous manque tout aussi bien que l'expérience pour distinguer ce qui est normal et ce qui est beau, de ce qui est anomalie ou difformité.

Qui pourrait expliquer pourquoi la portée de la vue, dans l'état normal et pour obtenir la vision distincte, ne va pas au delà de huit pouces? Qui nous dira le motif pour lequel, chez l'homme adulte, le nombre des battements du pouls s'élève à soixante-dix? Avons-nous une idée préconçue de ce dernier nombre ou

bien de celui des inspirations? Non, certainement; et néanmoins, quand nous remarquons
chez des individus de grandes anomalies à cet
égard, nous soupçonnons des défectuosités physiques ou bien l'état de maladie.

On objectera peut-être que quelques qualités
physiques, dans leurs excès, sont loin d'être
considérées comme des défectuosités, et qu'elles
deviennent assez souvent un objet d'admiration. Ainsi, un excès de taille, de poids ou de
force excite l'attention au point qu'on s'em-
presse d'aller voir les hommes qui présentent
de pareils phénomènes. Mais alors c'est plutôt
une chose extraordinaire qui nous attire,
qu'une chose qui soit réellement digne de
notre admiration. Nous souffrons même intérieurement, par un sentiment qui nous dit que
ces qualités extraordinaires sont presque toujours acquises aux dépens d'autres qualités
plus précieuses, et surtout de l'intelligence. Il
ne suffit pas qu'une de nos qualités soit belle
en elle-même, il faut encore qu'elle ait des
rapports de convenance avec toutes les autres.

« Cet état, qui tient le milieu entre les extrêmes, a dit Pascal, se trouve en toutes nos
puissances. Nos sens n'aperçoivent rien d'extrême. Trop de bruit nous assourdit, trop de
lumière nous éblouit, trop de distance et trop

de proximité empêchent la vue ; trop de longueur et trop de brièveté obscurcissent un discours, trop de plaisir incommode, trop de consonnances déplaisent. Nous ne sentons ni l'extrême chaud, ni l'extrême froid. Les qualités excessives nous sont ennemies et non pas sensibles. Nous ne les sentons plus, nous les souffrons. Trop de jeunesse et trop de vieillesse empêchent l'esprit ; trop et trop peu de nourriture troublent ses actions ; trop et trop peu d'instruction l'abêtissent. Les choses extrêmes sont pour nous comme si elles n'étaient pas, et nous ne sommes point à leur égard : elles nous échappent, et nous à elles (1). »

L'auteur des *Pensées* est revenu à plusieurs reprises sur cette idée fondamentale des moyennes, et il l'a fait avec sa supériorité de vues habituelle. On peut s'étonner cependant qu'il ait cru que « c'est sortir de l'humanité que de sortir du milieu (2). » *Les choses extrêmes* appartiennent à l'humanité tout aussi bien que les moyennes ; elles complètent la chaîne qui unit entre eux tous les hommes, et forme ce vaste ensemble que l'on nomme le corps social. Pascal, lui-même, l'a compris et l'a très-convenablement exprimé dans la pensée suivante :

(1) PASCAL, *Pensées*, tome II, p. 80.
(2) PASCAL, *Pensées*, tome II, p. 143.

« On ne montre pas sa grandeur pour être en une extrémité, mais en touchant les deux à la fois, et remplissant tout l'entre-deux. Mais peut-être que ce n'est qu'un soudain mouvement de l'âme de l'un à l'autre de ces extrêmes, et qu'elle n'est jamais en effet qu'en un point, comme le tison de feu que l'on tourne ; mais au moins cela marque l'égalité de l'âme, si cela n'en marque l'étendue (1). »

Aristote plaçait chacune de nos vertus entre deux vices opposés. Ainsi la libéralité poussée à l'excès devient prodigalité ; et, dans son excès contraire, elle est avarice. Le courage est une qualité brillante, tandis que trop ou trop peu de courage donne naissance à la témérité ou à la couardise.

Cette manière d'envisager nos qualités morales a prédominé chez le plus grand nombre des philosophes et des poëtes de l'antiquité. *In medio virtus* était leur adage, auquel ils ont appliqué toutes les transformations possibles. Horace, l'un des plus spirituels et des plus habiles observateurs, a particulièrement professé la doctrine de la modération en toutes choses, et il a soutenu que le mal ne se trouve que dans les

____

(1) PASCAL, *Pensées*, tome II, p. 148.

écarts de l'état moyen, *aurea mediocritas*. Il s'indigne contre ceux qui tendent à s'en écarter.

Est modus in rebus : sunt certi denique fines
Quos ultra citraque nequit consistere rectum.

(1ʳᵉ SATIRE.)

Cette tempérance, qui fait éviter tous les excès, n'a pas besoin d'être enseignée par la philosophie; il suffit d'écouter notre raison pour la suivre; la nature même nous en fait une loi. S'écarter de la voie qu'elle nous indique, c'est s'exposer, au physique, à tous les genres d'infirmités et de maladies; et, au moral, à tous les vices qui souillent l'humanité.

Nous avons sous les yeux les types de tout ce qui est bien comme aussi de tout ce qui est défectueux; l'essentiel est de pouvoir en faire la distinction. Chacune des qualités de l'homme se trouve représentée, dans le système social, avec toutes les nuances qu'elle comporte entre ses limites extrêmes; et ces nuances se trouvent réparties numériquement selon la loi générale qui règle les fluctuations de tous les éléments relatifs à l'homme.

Cette loi montre que le nombre de nuances le plus grand, pour chaque qualité, se rapproche de l'état normal, et qu'à mesure qu'on s'écarte de cet état, les défectuosités, en devenant plus sensibles, deviennent aussi plus rares.

En supposant les facultés physiques et morales *stationnaires*, le type du beau, pour les unes et pour les autres, aurait une valeur constante. Mais cette valeur n'aurait plus rien d'absolu en passant d'un peuple à un autre; chaque peuple est en effet un fragment de l'humanité, et possède un type qui appartient spécialement à l'agrégation qu'il constitue.

Ce qui vient d'être dit s'observe également à l'égard des facultés intellectuelles; il faut seulement établir une distinction entre nos facultés intellectuelles en général et celles qui sont *progressives* en même temps que la science.

Si l'on parle de l'imagination ou de la mémoire, ces facultés ne semblent pas variables dans la succession des temps, bien qu'elles puissent être plus ou moins prononcées chez les hommes d'une même époque et qu'elles subissent probablement les fluctuations indiquées par la loi de possibilité.

Un excès de mémoire peut étonner comme un excès de taille ou de force; mais cette anomalie, curieuse en elle-même, s'achète ordinairement au détriment d'autres qualités précieuses et devient ainsi une véritable défectuosité. L'imagination surexcitée tient de bien près à la folie; vers l'autre limite, elle se rapproche de l'idiotisme ; elle ne devient véritablement avantageuse que quand sa marche est régularisée par la raison.

La perfection n'est pas dans l'exagération d'une partie; elle consiste dans l'harmonie et la convenance de toutes les parties entre elles. Cependant un excès de mémoire ou d'imagination présente ce côté utile qu'il rend plus propre à acquérir la science, élément essentiel de tout progrès.

Quand il s'agit des qualités de l'homme, qui sont nécessairement stationnaires et qui ne varient que par l'effet des causes accidentelles, la moyenne, avons-nous dit, peut être prise comme type du beau. Il n'en est plus de même pour les qualités qui sont progressives et se perfectionnent par la science. La limite supérieure ne saurait être considérée comme une défectuosité, puisque tous nos efforts tendent au contraire à ce que la moyenne s'élève, un jour, à la hauteur de cette limite.

En conséquence, plus les éléments progressifs de l'homme tiennent de près à la science, moins leurs écarts par rapport à la moyenne sont défectueux.

Le savoir, du reste, n'est pas une qualité naturelle de l'homme. Bien qu'il admette une moyenne avec deux limites, et qu'on puisse supposer que, dans une nation, toutes les nuances intermédiaires sont parcourues conformément à la loi de possibilité, cependant on ne doit pas considérer cette moyenne comme le type de la perfection; elle ne fait que constater le degré de diffusion des lumières, et la limite supérieure indique le degré d'avancement absolu de la science; c'est tout ce qu'on en peut déduire.

Il en est à peu près de même de l'état d'aisance des individus, que l'on doit tâcher d'augmenter le plus possible, en resserrant toutefois les limites extrêmes.

Une excessive misère chez quelques individus comme une excessive opulence chez d'autres, sont des anomalies qu'on doit s'efforcer de faire disparaître, en se plaçant au point de vue de la politique et de l'humanité. Est-ce à dire cependant qu'une grande fortune soit un mal? Non certainement pour celui qui la possède ; mais c'en est un pour la grande généralité qui voit s'accumuler avec profusion dans quelques mains un superflu qui serait nécessaire à bien des existences.

En résumé, nous voyons le savoir et la richesse, ces biens qu'ambitionnent les hommes, répartis de la manière la plus inégale et soumis aux fluctuations les plus grandes. Tandis que

les individus tâchent de se placer à la limite supérieure, l'humanité, de son côté, s'efforce de
resserrer de plus en plus l'espace qui sépare les
deux limites et de relever la moyenne ; en sorte
que si les deux tendances pouvaient avoir leur
plein effet, les limites se confondraient avec la
moyenne, et les inégalités cesseraient d'exister
parmi les hommes, qui marcheraient invariablement dans la voie de la perfectibilité.

Quant aux qualités individuelles mêmes,
nous pouvons résumer ainsi qu'il suit, tout ce
qui a été dit précédemment.

La beauté consiste, au physique comme au
moral, dans un juste équilibre entre nos facultés. Tout ce qui peut blesser cette harmonie est
nécessairement vicieux.

S'il est vrai que nos facultés oscillent autour
d'un état moyen constant, il faut en conclure
que le type du beau doit être invariable, et
avoir une valeur absolue.

Ce type ne peut être déterminé que par des
observations faites sur l'humanité tout entière ;
en se bornant à l'étudier sur une fraction de ce
grand corps, sur un peuple, par exemple, on
n'obtient qu'une valeur relative qui s'éloigne
plus ou moins de la valeur absolue.

Le beau consiste également, sous le rapport
de l'intelligence, dans un juste équilibre entre

toutes les facultés dont elle se compose; aucune ne saurait s'y trouver en excès, sans nuire aux autres. Cet équilibre peut exister de différentes manières; on conçoit en effet que les facultés intellectuelles de l'homme, bien que restant toujours dans une parfaite harmonie entre elles, soient plus ou moins développées. Une intelligence peut être belle et puissante à des degrés différents.

CHAPITRE VII.

Des hommes supérieurs.

L'homme supérieur est en général celui qui
exerce sur les autres hommes un certain ascendant, soit par son intelligence soit par d'autres
qualités éminentes. Cet ascendant peut se manifester de différentes manières : quelquefois il
fait naître le respect ou l'admiration, et quelquefois aussi il imprime le mouvement à tout
un peuple et le rend capable des plus grandes
entreprises, comme aussi des plus grands sacrifices.

On n'est point homme supérieur, parce que
l'on se distingue par des qualités physiques,
quelque belles qu'elles soient d'ailleurs : un
ensemble remarquable de qualités morales ne
suffirait pas même, s'il n'était en rapport avec
l'intelligence. C'est ce dernier élément, pris dans
le sens le plus large, qui constitue la vraie supériorité, du moins dans nos sociétés modernes.
Nous ne pensons pas à cet égard comme les anciens, qui accordaient beaucoup plus aux qualités
physiques, et qui même les avaient divinisées.

C'est à l'intelligence qu'appartient aujourd'hui la suprématie. Cependant ces hommes privilégiés qui brillent par une heureuse harmonie entre toutes leurs facultés mentales, ceux même qui pourraient être considérés comme des types du beau intellectuel, n'exercent en général que peu d'action sur leurs concitoyens, s'ils s'en éloignent trop par leurs habitudes ou par la nature de leurs études. On les respecte, on les admire ; mais ils restent isolés au milieu de cette admiration générale, à peu près comme ces monolithes de l'antiquité, chargés de transmettre aux siècles à venir le souvenir des grands événements contemporains. Leur hauteur ne sert qu'à donner la mesure du développement intellectuel de l'humanité à l'époque où ils vivaient.

Il est quelques écrivains cependant qui ont influé puissamment sur les autres hommes et qui ont laissé des empreintes profondes de leur passage. Mais, pour arriver à produire de pareils effets, ils ont dû agir à la fois sur le moral et sur l'intelligence ; ils ont dû se mettre d'abord en harmonie avec ceux qui les entouraient, et mériter leurs sympathies, car c'est moins par les qualités de l'esprit que par celles du cœur que les hommes se mettent en contact. C'est quand cet accord existe, que l'écrivain, devenant l'interprète de tous, est sûr aussi de recueillir tous les suffrages et de disposer à son gré de l'opinion publique, cette puissance capricieuse qui bien souvent usurpe la place des lois.

En général, ce n'est point en s'élevant à la limite supérieure, même pour les qualités les plus brillantes, et en s'y tenant isolé, qu'on finit par dominer un peuple et en disposer à son gré, mais en se rapprochant de la moyenne et en se conciliant toutes les sympathies. Étudiez les hommes qui ont joué un rôle dans l'histoire et exercé de l'ascendant sur les masses ; de quelque rang qu'ils soient sortis, vous reconnaîtrez que, sous bien des rapports, ils pouvaient servir de type à l'époque où ils vivaient et qu'ils résumaient en eux les sentiments et les facultés de tous. Ils formaient véritablement le centre de gravité autour duquel le système était en mouvement.

Souvent ces hommes ont méconnu la véritable source de leur grandeur ; et ce n'est que plus tard, quand eux-mêmes ils avaient préparé leur chute, qu'ils ont pu reconnaître leur erreur et voir qu'ils avaient fini par se placer en dehors du centre du mouvement. Les mêmes lois régulatrices qui, à leur insu, formaient toute leur puissance, devenaient ensuite les causes de leur ruine.

CHAPITRE VIII.

Du plaisir et de la peine.

Le plaisir n'a rien d'absolu ; il dépend plus encore de nous et des circonstances dans lesquelles nous nous trouvons, que des causes qui semblent devoir lui donner naissance. Rien n'est plus capricieux ; quand nous l'avons éprouvé, nous avons beau, pour le ressaisir, nous placer identiquement dans les mêmes circonstances : il suffit d'un souvenir, d'un coup d'œil, d'un rien, pour changer en mélancolie ou même en douleur ce qui devait produire les sensations les plus délicieuses.

En vain, nouveaux sybarites, nous cherchons à prolonger indéfiniment nos plaisirs ; au milieu de nos jouissances, nous nous sentons incommodés par le pli d'une rose ; et lors même que nous parviendrions à écarter jusqu'aux moindres souffrances, nos sens émoussés seraient inhabiles à percevoir le bonheur que nous appelons de tous nos vœux ; autant vaudrait demander de brillants effets de peinture, sous la condition de ne point employer d'ombres pour relever les lumières.

Le plaisir doit naître au milieu des contrastes ; la nature a voulu qu'on l'achetât par la peine. Nous sommes constitués pour vivre dans un état continuel d'alternatives, et notre âme a besoin d'émotions ; elle est comme la corde de la lyre qui ne résonne pas sans être mise en vibration, et qui résonne d'autant plus fort que les vibrations sont plus étendues. Cependant il ne faut pas dépasser certaines limites, et acheter des plaisirs vifs, en s'exposant à toutes les infirmités dont la nature punit ceux qui méconnaissent ses lois. Laissons au joueur ces alternatives brusques qui le font passer des émotions les plus enivrantes aux angoisses les plus douloureuses. Les états extrêmes sont de véritables maladies de l'âme.

Il est un art bien difficile ; c'est celui de savoir ménager les transitions, et d'arriver de la peine au plaisir par une succession de contrastes habilement ménagés et qui ravivent nos jouissances. Le mouvement constitue la vie morale, comme il est l'essence de la vie physique ; le tout est de savoir jusqu'où peuvent aller les oscillations et de les modérer à son gré. Puisque la peine est nécessaire à notre organisation, il faut s'en créer soi-même qu'on puisse maîtriser facilement. Or la nature semble nous en avoir indiqué les moyens ;

elle a voulu que l'homme vécût pour le travail. La peine que l'homme se crée ainsi peut être prolongée autant qu'il le désire ; il peut l'augmenter à volonté, en choisir la nature, la mettre en rapport avec ses goûts et son organisation ; et cette peine affecte le physique, sans blesser ni le moral ni l'intelligence ; elle tend au contraire à donner plus de force et de ressort à l'un et à l'autre.

Nous trouvons ici une extension curieuse d'une loi de la physique, c'est que l'action est égale à la réaction. Quand nous sortons de notre état habituel par une cause quelconque qui amène le plaisir ou la peine, nous tendons à y rentrer ensuite, mais nous n'y réussissons qu'en le dépassant pour arriver à un état contraire. Qui n'a fait cette expérience si simple, qui n'a ressenti, le lendemain d'un jour de plaisir et d'effusion, un vide mélancolique dont il cherchait inutilement à s'expliquer la cause ?

Il n'existe point d'homme qui se soit trouvé constamment dans le plaisir ou dans la peine. Ce ne sont pas les dehors que l'on doit consulter, il faudrait pouvoir saisir l'homme quand il est en présence de lui-même. J'ai connu des personnes pleines d'une gaieté étourdissante dans le monde, et qui, rentrées chez elles, se prenaient à pleurer comme si elles eussent éprouvé des chagrins réels. D'autres en apparence mélancoliques éprouvaient, d'une manière continue, des sensations douces et tranquilles, qu'elles n'auraient pas échangées contre toutes les joies de la terre.

Si nous pouvions analyser toutes nos sensations, nous trouverions que nous oscillons constamment autour d'un état moyen déterminé et entre des limites plus ou moins larges qui dépendent de notre position sociale, de notre organisation morale et physique, ainsi que de notre libre arbitre. Resserrer ces limites de manière à rendre sa vie monotone, c'est pour ainsi dire se donner la mort avant le terme fixé par la nature. Élargir trop les mêmes limites, et s'exposer aux effets réunis de toutes les causes accidentelles, c'est se jouer sur les bords d'un abîme, et vouloir des malheurs ou des jouissances qui dépassent notre faible portée. Le sage évite également ces excès ; et, sans se condamner à la froide immobilité du tombeau, il se resserre dans de justes limites, de manière à rester toujours maître de sa marche.

Mais cet état moyen a-t-il quelque chose d'absolu ; et tous les hommes, en payant leur tribut à la mort, ont-ils eu la même part de plaisir et de peine ? Je ne le crois pas. Les moyennes d'ailleurs ne sont pas comparables ;

elles n'ont de valeur qu'en les mettant en rapport avec les organisations des individus et leurs positions sociales respectives. Il en résulterait que la moyenne, même pour un seul individu, n'aurait pas une valeur constante ; ce qui aurait été pour lui un sujet de plaisir, à une époque de sa vie, ne l'est plus à une autre époque. Cet élément n'admet que des valeurs relatives, et son appréciation dépendrait de trop de circonstances pour pouvoir l'évaluer d'une manière satisfaisante. La plupart des hommes n'apprécient véritablement que les plaisirs matériels ; il en est bien peu qui donnent la préférence au bonheur moral ou à des jouissances purement intellectuelles. On conçoit en effet que ces trois sources de plaisir, le physique, le moral et l'intelligence, ont des besoins différents, et que c'est en les satisfaisant, chacune selon son degré de développement, qu'on peut arriver à un certain maximum qui doit nécessairement être très-variable.

C'est de l'ensemble de toutes ces moyennes que se compose le bien-être d'une nation, bien-être qui présente également un état moyen et des limites pour les diverses fluctuations auxquelles la nation peut être assujettie.

L'humanité, à son tour, résume en elle-même ce qui appartient à chaque nation en particulier, et présente également son état moyen avec ses limites. Tout ce que nous pouvons reconnaître, c'est que les jouissances morales et intellectuelles tendent de plus en plus à prédominer, par suite du progrès des sciences. Comme d'ailleurs ce progrès est basé en même temps sur un développement plus complet de la raison, il y a lieu de supposer que, pendant que la moyenne se relève, les limites des oscillations tendent à se resserrer; et qu'ainsi le corps social, en augmentant son bien-être, voit diminuer les chances de tomber dans des états extrêmes. Sous ce rapport encore, il y aurait donc perfectionnement et progrès.

CHAPITRE IX.

**Des forces qui régissent le Système social et des lois
auxquelles elles sont soumises.**

Les causes qui agissent sur le système
social sont de différente nature : les unes
constantes, les autres variables ou même purement accidentelles. Ainsi, le climat, la direction des fleuves, la disposition des montagnes
et des mers appartiennent aux causes *constantes*.
Tel pays ne pourra jamais recevoir un complet
développement de l'industrie, parce que les
causes locales y porteront éternellement obstacle. D'autres ne se prêtent pas au progrès de
l'agriculture; dans quelques-uns même, la marche de la civilisation doit éprouver des entraves,
de même que celle des sciences. Dans des climats rigoureux, où l'homme est sans cesse aux
prises avec le besoin, et où il ne pourvoit que
difficilement à son existence, il lui devient à
peu près impossible de se livrer aux jouissances
de l'esprit.

Parmi les causes *variables*, les opinions doivent être placées en première ligne. Elles exercent leur action sur les peuples comme sur les

individus; elles glorifient le lendemain ce qu'elles ont brisé la veille ; et, dans le monde politique, rien ne pourrait résister à ce torrent capricieux.

L'instinct de conservation existe également chez les peuples; il se développe en raison des dangers qui menacent leur existence, et souvent il les rend capables des plus grandes actions.

Nous devons aussi répéter, pour les peuples, ce qui a été dit pour les individus : 1° les causes qui agissent sur eux, soit physiquement, soit moralement, sont proportionnelles aux forces qu'elles développent; 2° quand plusieurs forces concourent vers un même point, elles ont une résultante qui, dans certains cas, peut être nulle. Ce dernier état constitue l'état d'équilibre.

Si cet équilibre n'a pas lieu par lui-même, on peut le produire en ajoutant aux forces existantes une nouvelle force égale et directement opposée à leur résultante. C'est dans l'estimation de la nature et de la direction de cette résultante, que réside tout l'art de gouverner. Il faut connaître parfaitement les forces et les tendances des partis qui divisent ordinairement un État, pour juger des moyens les plus propres à les combattre et à les paralyser.

Les gouvernements ont donc comme les individus leurs conditions d'équilibre ; et il est des indices auxquels on peut reconnaître si cet équilibre est *stable* ou *non stable*. Dans le premier cas, le gouvernement peut subir des secousses, mais qui sont sans danger pour son existence, et qui s'effectuent autour d'un état moyen déterminé. Dans le second cas, au contraire, les moindres perturbations entraînent sa ruine. On reconnaît si cette ruine est imminente, en examinant si les perturbations qui surviennent, tendent à éloigner rapidement le système de son état primitif.

Ceux qui provoquent les révolutions, commencent par toucher aux institutions et aux lois de leur pays ; ils cherchent à en modifier les habitudes et les coutumes ; ils ne se bornent pas à demander les réformes exigées par les progrès des lumières, ils attaquent l'édifice à sa base même ; et chaque jour, par de nouvelles secousses, ils s'efforcent de lui faire perdre son aplomb. Aussi un gouvernement sage met-il la plus grande circonspection dans la réforme des lois ; et il faut pour détruire des abus, surtout s'ils sont devenus héréditaires, que la nécessité en soit bien généralement reconnue par tous les citoyens. L'Angleterre qui occupe un rang si élevé dans l'échelle de la civilisation, nous en donne des exemples frappants.

Lorsqu'un système de corps est en mouvement, sa marche demeure invariablement la même, à moins que les causes de ce mouvement ne viennent à varier. C'est ainsi qu'un État verra annuellement le retour des mêmes effets, comptera le même nombre de naissances, de décès, de mariages, de crimes, d'actions vertueuses, pourvu que les lois, les coutumes, les mœurs, les lumières et toutes les conditions de cet État ne changent pas. Le libre arbitre de l'homme semblerait seul pouvoir modifier le cours des choses ; mais nous savons déjà que son action est très-restreinte et qu'elle s'efface complétement devant les causes qui dominent le système social.

Nous pousserons plus loin ces analogies et nous rappellerons que le principe de mécanique cité précédemment, peut s'énoncer d'une manière plus générale, en disant : quelles que soient les forces qu'exercent les unes sur les autres les différentes parties dont se compose un système de corps, pourvu qu'il ne survienne pas d'action nouvelle qui s'ajoute à celles qui existent déjà, le centre de gravité poursuit invariablement sa marche en ligne droite. C'est cette marche que suit également, dans le système social, l'homme d'État qui sait juger sainement des choses et prendre la place qui lui convient ; il avance sans froissement, soutenu pour ainsi dire par toutes les opinions qui viennent se neutraliser autour de lui ; il est véritablement l'homme moyen de ce monde politique.

Le système social se trouve, comme tous les corps physiques, soumis à deux espèces de forces, les unes attractives et les autres répulsives ; l'état d'agrégation dépend du degré d'intensité de ces forces. Il est très-difficile de maintenir le système dans un état d'équilibre qui conserve l'ensemble, tout en laissant du jeu et du ressort aux parties dont il se compose.

Les changements brusques ne se font jamais sans une certaine perte de forces vives ; d'après ce principe, les révolutions politiques sont toujours funestes, à moins que l'on ne donne aux forces une direction plus utile, en consentant à en perdre une partie.

Qui ne sait les dévastations, les excès et les crimes qu'a fait naître la révolution française ? Que de choses et de personnes ont été s'abîmer dans ce gouffre ! Mais aussi quelle influence immense ce changement brusque n'a-t-il pas exercé sur la marche de la civilisation ! Tout en regrettant les sacrifices qu'il a fallu faire, ne doit on pas s'applaudir des résultats qu'on a obtenus ?

Les révolutions sont bien propres à faire comprendre les analogies nombreuses qui existent entre les principes d'équilibre et de mouvement qui régissent le monde matériel et ceux qui dominent le monde moral.

Celui qui veut produire un changement brusque doit calculer, avant tout, si ce qu'un pays va perdre se trouvera suffisamment compensé par le bien que ce changement est destiné à produire. La suppression subite des douanes et la proclamation de la liberté entière du commerce feraient naître, sans aucun doute, beaucoup de ruines particulières, feraient tomber différentes sortes d'industrie, causeraient des froissements dans tous les rangs; cependant il ne faudrait pas reculer devant ces maux temporaires, si c'était le seul moyen d'obtenir des biens nombreux et permanents capables de les compenser et d'ajouter au bien-être de l'humanité.

Les changements brusques, du reste, sont rarement d'une nécessité absolue : dans le plus grand nombre de circonstances, un gouvernement sage et éclairé réussit à les prévenir. Quand il y a urgence de passer d'un certain ordre de choses à un autre, il applique ses soins à y parvenir sans froissement, sans secousses et par conséquent sans perte de forces vives, à peu près comme un ingénieur habile passe d'un chemin sur un autre par des raccordements adroitement ménagés et qui ne permettent pas même de s'apercevoir de la transition.

Les peuples, comme les individus, mettent à tout instant en évidence la vérité de cette loi, que, quand deux corps agissent l'un sur l'autre, les actions et les réactions sont égales. Les mouvements populaires ne sauraient avoir de conséquences graves, quand l'oppression n'a point été vive. La révolution française que j'ai souvent citée comme exemple, n'a été si violente que parce qu'il s'agissait de rompre avec les restes de la féodalité et de secouer un fardeau qui, pendant plusieurs siècles, avait pesé sur le peuple d'une manière accablante.

Nous pourrions porter plus loin ces rapprochements curieux entre les lois qui dominent le monde matériel et celles qui régissent le monde moral ; nous pourrions parler de la communication du mouvement, des ricochets, du plus ou du moins d'élasticité des corps, etc.; mais ce qui a été dit suffira sans doute pour que chacun puisse faire, par lui-même, les comparaisons que comportent les principes de la mécanique.

Les sciences médicales se prêteraient également à des rapprochements intéressants, si l'on entreprenait d'en faire, et l'on trouverait que le corps social a ses maladies tout aussi bien que le corps humain. Ces maladies admettraient à peu près les mêmes classifications, et quelques-unes se manifesteraient par les mêmes symptômes. Ainsi, dans l'ordre physique, la nature expulse tous les éléments de désorganisation ; il en est de même dans le monde moral ; quand ces tendances cessent d'exister, un peuple touche de près à sa dissolution complète.

CHAPITRE X.

Dépendances mutuelles des différentes parties du Système social.

Pour que le système social présente les conditions les plus favorables, il faut qu'il existe un parfait équilibre entre l'individualité, la nationalité et l'humanité. L'un de ces trois états ne peut prendre de prépondérance qu'aux dépens des deux autres : l'individualité trop forte rend la nationalité impossible; de même, une nationalité trop prononcée absorbe l'individualité et place un peuple en dehors de l'humanité.

L'équilibre nécessaire entre les différents états où l'homme peut se trouver, soit comme individu, soit comme élément d'une agrégation plus ou moins composée, mérite une attention sérieuse; il est d'autant plus intéressant qu'il a été moins étudié.

Les deux états extrêmes, l'individualité et l'humanité, ne sont pas le résultat des combinaisons humaines; ils sont déterminés par l'Être suprême qui a établi entre eux des lois de dépendance. La philosophie s'est occupée d'en rechercher la nature et de reconnaître ce qùe chacun se doit à soi-même et les devoirs qu'il est tenu de remplir envers les autres.

L'homme peut méconnaître ces lois, les contrarier et donner lieu à des désordres plus ou moins graves. Le défaut de lumières, les vices du cœur, et surtout le besoin impérieux de pourvoir à son existence ont pour effet d'exalter l'individualité et de produire l'égoïsme. Quand l'homme se trouve porté vers cet état extrême, l'humanité doit nécessairement en souffrir.

Le sauvage, dominé par l'instinct de sa propre conservation, se place à tout instant en dehors de l'humanité ; il n'a pas même l'idée de ce grand corps ni des liens par lesquels il s'y trouve rattaché.

D'une autre part, l'humanité froissée réagit contre l'individu qui la méconnaît ; elle cherche à paralyser ses tendances et à le détruire partout où elle le trouve en hostilité contre elle.

On peut dire que l'état d'individualité absolue n'existe véritablement pas, ou n'existe que comme une anomalie. Le sauvage même possède à un haut degré le sentiment de la famille et des devoirs qui le rattachent à sa tribu. Forcé de se défendre contre des dangers incessants, il a dû recourir à l'association qui s'étend ensuite selon les lieux et les circonstances.

Mais on conçoit que cet état de combinaison se-
condaire est, avant tout, l'ouvrage de l'homme
et de la nécessité.

L'association peut être plus ou moins forte,
les exigences plus ou moins grandes; et c'est ici
que se rencontre la difficulté. Si la justice régnait
partout sur la terre, les nations n'auraient pas,
à la vérité, à organiser des moyens de défense
contre de coupables agressions; en l'absence
de forces perturbatrices, leur existence se trouverait garantie par les lois mêmes de conservation qui dominent le système social. Mais il
leur resterait encore à pourvoir à d'autres besoins; elles sentiraient la nécessité de se maintenir dans un but d'utilité générale et de réunir les efforts des membres qui les composent,
pour arriver à produire de grands résultats
avec de faibles moyens.

Aux yeux de bien des gens, ces combinaisons secondaires deviendraient inutiles, ou du
moins ils en admettraient les formes, en étei-
gnant le souffle de vie qui les anime; la nationalité irait se perdre dans un vaste cosmopolitisme qui embrasserait tout le globe. Non-seulement cet état de choses n'est pas réalisable,
mais, en théorie même, il est contraire à tout
ce que nous observons dans l'univers. La nature, dans ses ouvrages les plus sublimes, nous

donne l'exemple des combinaisons que l'homme adopte comme par instinct, mais qui dans la réalité sont les conséquences nécessaires de ses lois immuables.

Ainsi, l'homme résume en lui-même un monde tout entier. Il conçoit cependant qu'il ne peut rester isolé sur la terre, et qu'il existe autour de lui d'autres hommes avec lesquels il a des rapports nécessaires, qu'il gravite en quelque sorte avec eux vers un même point et en suivant une marche commune; tandis que, plus loin et en dehors de sa sphère d'activité, il voit encore un nombre considérable d'autres êtres qui lui ressemblent, mais avec lesquels il n'a que des rapports très-éloignés, et qui forment à leur tour des combinaisons diverses entre eux ou de véritables systèmes plus ou moins intimement liés au système dont lui-même il fait partie.

Ce que nous présente l'humanité n'est que le tableau réduit du spectacle imposant de l'univers; nous y trouvons des lois de subordination analogues à celles qui lient entre eux tous les corps dont l'espace est peuplé. Si nous considérons séparément notre terre, elle a son individualité, si je puis m'exprimer ainsi; et son existence, au premier abord, ne paraît en aucune manière subordonnée à celle des planètes qui lui ressemblent et qui se meuvent

dans son voisinage. Cependant la science montre
que ces différents globes, ainsi que notre terre,
sont rattachés entre eux par des liens mystérieux, bien que des millions de lieues les sépa-
rent ; qu'ils sont doués d'un même principe de
mouvement et se trouvent entraînés ensemble
autour d'un centre commun de gravité. Aux
yeux de l'astronome leur dépendance mutuelle
n'a rien d'accidentel, rien de désordonné ; elle
est au contraire la conséquence nécessaire d'une
seule et même loi, de celle qui préside à la
conservation de chaque globe en particulier
et règle sa marche, en sorte que les mondes qui forment notre système solaire, ne doivent être considérés en réalité que comme un
seul et même corps.

Plus loin de nous, circulent dans les espaces
célestes une infinité de systèmes solaires semblables au nôtre ; et bien qu'ils laissent entre
eux des intervalles immenses, tous les corps qui
les composent, ceux qui brillent à nos yeux,
comme ceux qui par leur éloignement prodigieux nous échapperont à jamais, forment à leur
tour un tout, un vaste ensemble obéissant à la
loi commune de l'attraction et emporté probablement d'un mouvement général autour
d'un même centre de gravité.

Si le grand architecte de l'univers n'avait

parfaitement équilibré toutes choses, on conçoit quel chaos effroyable se produirait au milieu de ces myriades de mondes circulant dans l'espace d'une manière désordonnée et se heurtant les uns les autres.

C'est par des lois semblables que sa divine sagesse a tout équilibré aussi dans le monde moral et intellectuel; mais quelle main soulèvera le voile épais jeté sur les mystères de notre système social et sur les principes éternels qui en règlent les destinées et en assurent la conservation? Quel sera l'autre Newton qui exposera les lois de cette autre mécanique céleste?

NOTES.

« *On obtient des constantes que j'attribue à un être fictif
que je nomme l'*HOMME MOYEN. » n. page 13.

J'ai essayé d'exposer mes idées sur la théorie de
l'homme moyen dans un ouvrage spécial, intitulé *Sur
l'homme et le développement de ses facultés ou Essai de
physique sociale*. 2 vol. in-8°, Paris, chez Bachelier,
1835. J'y détermine les constantes de l'homme telles
que la taille, le poids, la force, la vitesse de marche, etc. D'autres constantes que j'avais dû omettre,
faute d'observations, ont été données dans les notes
des traductions de cet ouvrage qui ont été publiées en
Allemagne par M. le docteur Rieke, en 1838 ; et à
Édimbourg, par M. R. Smibert, sous la surveillance
de M. le docteur R. Knox, en 1842.

L'idée de l'homme moyen n'est pas nouvelle ; on la
trouve déjà dans les écrits de plusieurs philosophes
anciens et particulièrement d'Aristote ; mais elle n'a
pu prendre quelque consistance que par l'application

de la théorie des moyennes à l'observation de l'homme.

Je dois à l'obligeance de M. Gruyer, auteur de plusieurs ouvrages philosophiques estimés, la connaissance d'un petit livre intitulé : l'*Art de connoistre les hommes*, par le sieur De La Chambre, conseiller du Roy, etc., in-18, imprimé à Amsterdam, chez Jacques Lejeune, en 1660. L'auteur part de cette idée fondamentale « que la Conformation des parties et le Temperament, qui sont les Instruments des facultez de l'Ame, ayent la même mediocrité qu'elles ont. De sorte que les parties ne doivent estre ny trop grandes ny trop petites, ny les qualitez qui composent le temperament, exceller l'une sur l'autre, mais toutes doivent estre dans un égal equilibre, et dans une juste mediocrité.»

De La Chambre emploie le mot *médiocrité* dans le même sens que Pascal, pour désigner l'état moyen. « De cette verité ainsi establie, dit-il plus loin, on tire une consequence qui confirme ce que nous avons dit de la Mediocrité qui se doit trouver dans les puissances de l'Ame, non seulement dans celles qui sont subalternes ; mais encore dans celles qui sont supérieures comme est l'Entendement et la Volonté. Car puisque le Temperament modifie toutes les facultez, les rendant plus ou moins fortes selon les degrez qu'il a, et que s'il est chaud par exemple, il fortifie l'Imagination et affoiblit le Jugement ; qu'au contraire, s'il est froid, il sert au Jugement et nuit à l'Imagination, et ainsi de toutes les autres ; il s'ensuit que s'il doit estre égal, pour rendre l'Homme parfait, il faut que toutes les facultez de l'Ame se ressentent de cette justesse, et qu'elles gardent la mesme moderation qui se rencontre dans le temperament.

« De sorte que la perfection naturelle de l'homme ne demande pas une Imagination trop vive, ny un Jugement trop circonspect, ny une memoire trop heureuse : elle ne peut pas mesmes souffrir ces esprits sublimes qui sont toûjours attachez à la contemplation des choses hautes et difficiles ; non seulement parce qu'elle veut que l'Homme qui est destiné pour la societé, s'applique également à la contemplation et à l'action : Mais principalement parce qu'il est impossible que le corps ait sa perfection naturelle quand il a les dispositions qui sont nécessaires à la sublimité de l'esprit : Car il faut que le corps soit foible quand l'esprit est trop fort, comme la trop grande force du corps diminue et affoiblit l'esprit, ainsi que nous montrerons plus amplement cy-apres. »

————

« *Il est une loi générale qui domine notre univers et qui semble destinée à y répandre la vie.* » page 15.

J'ai cru devoir la nommer *loi des causes accidentelles,* parce qu'elle indique comment se distribuent à la longue une série d'événements dominés par des causes constantes, mais dont des causes accidentelles troublent les effets. Ces causes accidentelles finissent par se paralyser et il ne reste en définitive que le résultat qui se serait invariablement reproduit chaque fois, si les causes constantes seules avaient exercé leur action.

J'ai développé longuement, dans un autre ouvrage, ce que j'entends par la *loi des causes accidentelles* ou la loi de possibilité : *Lettres à S. A. R. le duc régnant de Saxe-Cobourg et Gotha, sur la théorie des probabilités appliquée aux sciences morales et politiques;* 1 vol. in-8°, Bruxelles, 1846.

Un géomètre distingué, M. Bienaimé, dont les travaux ont éclairci plusieurs points difficiles de la théorie des probabilités, me faisait observer que c'était à tort que je m'étais servi de la dénomination de loi des causes accidentelles, puisqu'il s'agit d'événements qui en définitive se présentent dans un ordre nécessaire et calculable à priori; que les fluctuations qu'on remarque, n'ont réellement plus rien d'accidentel, quand on les prend en nombre suffisant. Je conviens en effet qu'il n'existe même pas une seule cause accidentelle au monde, et que chaque cause a son origine nécessaire, quelque faible qu'elle soit; j'ai voulu me conformer seulement au langage ordinaire, espérant bien que je serais compris de mes lecteurs.

« *D'après des recherches nombreuses que j'ai faites sur la corrélation entre les tailles et les poids des hommes adultes, j'ai cru pouvoir conclure que les poids sont simplement comme les carrés des hauteurs.* » page 43.

Examinons les conséquences de cette proposition. Nous savons qu'en désignant par u la taille moyenne des hommes d'un pays, il s'en trouve autant qui dépassent cette taille de la quantité b, que d'autres qui lui sont inférieurs de la même quantité; d'après cela, un homme de chacun de ces deux groupes aurait pour poids, en représentant par P celui de l'homme moyen :

$$P\left(\frac{a+b}{a}\right)^2 = P\left(1 + \frac{2b}{a} + \frac{b^2}{a^2}\right)$$

$$P\left(\frac{a-b}{a}\right)^2 = P\left(1 - \frac{2b}{a} + \frac{b^2}{a^2}\right)$$

Or, la moyenne des poids ne reproduirait pas, comme pour la taille, le poids de l'homme moyen ; on aurait en effet,

$$P + P\frac{b^2}{a^2} \qquad \text{au lieu de P.}$$

La moyenne des poids surpasserait donc la moyenne réelle P de la grandeur $P\frac{b^2}{a^2}$. Par exemple, la taille de l'homme moyen en Belgique est $1^m,684$; et il est autant d'hommes qui mesurent $1^m,784$ que d'autres qui ne mesurent que $1^m,584$. Maintenant, le poids de l'homme moyen est de $63^k,7$ environ, et le poids moyen déduit des deux groupes d'hommes qui auraient la taille de $1^m,784$ et de $1^m,584$, le surpasserait de :

$$63^k,7 \times \left(\frac{0,100}{1,684}\right)^2 = 0^k,225.$$

Cette différence n'est pas même d'un quart de kilogramme, pour le poids moyen pris sur des hommes de tailles cependant bien différentes.

S'il était vrai que l'homme moyen pour la taille, le fût également pour le poids, on voit qu'on pourrait admettre, sans erreur sensible, que les poids sont comme les carrés des hauteurs. Les différences ne deviendraient très-sensibles que pour des individus remarquables par un excès ou par un défaut de taille ; et ceux-ci sont toujours peu nombreux.

« *Je conçois qu'un jour on aura des traités ethnographiques dans lesquels figureront les différents peuples de la terre, avec les indications précises des
éléments qui, chez eux, caractérisent l'homme
moyen.* » Page 47.

Pour réaliser cette idée, autant que possible, j'ai
recueilli un grand nombre de mesures prises sur le
corps humain, et je me propose de les réunir et de
les discuter, un jour, dans un travail spécial. Ces
mesures se rapportent particulièrement aux organes externes; un travail analogue sur les organes
internes a été entrepris par mes deux savants amis,
MM. les professeurs Schwann et Gluge, qui en ont
inséré quelques résultats dans les *Mémoires de l'Académie royale de Belgique.* M. le professeur Valentin,
de Berne, a, de son côté, donné dans son *Repertorium
für Anatomie und Physiologie,* tome III, une table
indiquant la quantité de sang que renferme le corps
humain aux différents âges ; il serait à désirer que ces
genres de travaux pussent être plus multipliés qu'ils
ne le sont.

On trouvera, dans le tableau suivant, les mesures
que j'ai prises sur quelques hommes en Belgique,
sur l'hercule américain Cantfield et sur cinq Indiens
de la tribu des O-jib-be-Wa's; parmi ceux-ci se trouvaient le chef de la tribu et un chef de guerre. Tous ces
hommes pouvaient être considérés comme généralement fort bien conformés; ils comptaient de 18 à 25
ans, à l'exception des deux chefs qui en avaient l'un 32
et l'autre 42.

	LE CHEF indien.	LE CHEF de guerre.	MODÈLE belge.	TROIS jeunes Indiens.	DIX soldats belges.	Cantfield
Âge	42	52	25	20	20à25	21
Taille ou hauteur totale........	1,832	1,875	1,860	1,733	1,750	1,750
Largeur des bras étendus......	1,900	1,972	1,910	1,818	1,864	1,800
Hauteur de la tête.............	0,225	0,242	0,242	0,232	0,236	0,226
Plus grand diamètre de la tête..	0,255	0,264	0,252	0,253	0,255	0,238
Circonférence par les sinus frontaux.	0,595	0,573	0,578	0,577	0,569	0,572
Distance extérieure des yeux...	0,098	0,095	0,102	0,098	0,094	0.094
Largeur du nez aux narines....	»	0,040	0,036	0,038	0,036	0,033
Grandeur de la bouche.........	»	0,062	0,061	0,051	0,053	0,047
Distance des épaules entre les apophyses acromions........	0,420	0,420	0,420	0,410	0,400	0,420
Largeur de la poitrine (aisselles).	0,372	0,342	0,320	0,349	0,301	0,350
Distance des deux seins........	0,260	»	0,205	0,234	0,202	0,230
Grandeur de la main...........	0,200	0,205	0,211	0,192	0,196	0,198
Grandeur du pied.............	0,257	0,270	0,275	0,242	0,268	0,260
Depuis le trochanter jusqu'à terre......................	0,968	0,968	0,960	0,899	0,920	0,887
Depuis le milieu de la rotule jusqu'à terre...................	0,528	0,548	0,510	0,479	0,494	0,508
Diamètre entre les trochanters..	0,358	0,590	0,370	0,338	0,352	0,320
Circonférence de la poitrine....	0,968	0,920	0,964	0,923	0,928	1,007
Longueur du bras, depuis les apophyses acromions jusqu'à l'extrémité de la main........	0,840	0,859	0,850	0,772	0,835	0,748

En faisant des rapprochements entre Cantfield et la moyenne des trois jeunes Indiens qui avaient à peu près le même âge et la même taille, et dont le développement était d'ailleurs extraordinairement beau, on pourra remarquer une similitude très-grande. Peut-être s'étonnera-t-on de trouver que la tête des Indiens était un peu plus forte que celle de l'hercule. La largeur de la poitrine, chez ce dernier, était tout aussi remarquable et la distance des deux seins dépassait également de trois centimètres environ celle qui avait été observée sur les poitrines de dix soldats belges d'un régiment d'élite (les *guides*).

« *Le pouls des jeunes gens est-il plus lent que celui
des vieillards?* » Page 48.

Nous extrayons les passages suivants de l'ouvrage
de MM. Leuret et Mitivié, intitulé : *De la fréquence du
pouls chez les aliénés*. Paris, chez Crochard 1832,
in-8°, pages 29 et suiv.

Galien, dans son *Traité sur le pouls*, traité dont
on a dit trop de bien et trop de mal, et que l'on n'a
pas assez lu, s'exprime ainsi : « Le pouls de l'enfant
est très-fréquent, celui du vieillard est très-rare ; pour
les autres le pouls varie suivant que les âges se
rapprochent de l'enfance ou de la vieillesse. »

Pendant toute la période de temps qui s'est écoulée
depuis Galien jusqu'à Haller, la même progression a
été indiquée, sans qu'à notre connaissance au moins,
personne ne l'ait révoquée en doute. Haller s'exprime
ainsi : « La connaissance de l'état du pouls est très-
importante, elle est d'un usage continuel, et le fondement de tout pronostic.

« Kepler est, si je ne me trompe, continue Haller,
e premier qui ait entrepris de déterminer combien il
y a de pulsations dans un temps donné ; ensuite Jean
Floyer a indiqué les variétés que présente le pouls
chez les différents sujets et suivant les maladies. Tho-
mas Schwenke, Bryan, Robinson et Rye ont traité la
même question. Moi-même, à l'aide d'une horloge
marquant les secondes, j'ai fait de très-nombreuses
expériences sur mon pouls et sur celui des personnes
de ma famille.

« Floyer fixe à 134 le nombre des pulsations d'un
enfant nouveau-né ; huit jours après la naissance,

Bryan en a compté 150 ; pour moi, je n'ai jamais pu en compter au delà de 140. Sauvages en a compté 120 chez un enfant de trois mois ; Floyer, 105 chez un enfant de cinq à six ans ; Boissier, 90 chez un enfant de sept ans, et 80 chez un enfant de quatorze ans.

« Le pouls est un peu moins fréquent dans l'âge adulte que dans la jeunesse et l'enfance, je croirais assez que la différence, pour cet âge, est comprise entre 60 et 80. Je n'admettrais pas volontiers que le pouls d'un homme bien portant descende au-dessous de 60, ni qu'il monte beaucoup au delà de 80.

« J'ai déjà dit que le pouls des vieillards est plus rare que celui des adultes. Rolfing a compté 50 pulsations chez un vieillard phlegmatique ; Floyer fixe à 55 le nombre des pulsations des vieillards ; Boissier, à 60. Si l'on en croit Sauvages et Marquet, le pouls de certains vieillards aurait baissé jusqu'à 40, 30 et même 20 pulsations » (Haller, *Elem. phys.*, lib. 6, sect. II, chap. 16).

Depuis Haller jusqu'au temps présent, l'opinion du décroissement dans la fréquence du pouls, suivant les progrès de l'âge, s'est conservée invariable.....

(MM. Leuret et Mitivié montrent ensuite, d'après leurs propres observations, que le pouls des jeunes gens est plus lent que celui des vieillards.)

« *On ne saurait méconnaître qu'il existe des rapports bien déterminés entre les différentes qualités physiques de l'homme.* » page 49.

En prenant pour unité le nombre des inspirations de l'homme pendant une minute, on arrive à des rap-

ports assez simples, qu'on trouvera dans le tableau
suivant :

Unités.	Par minute.	
1	17,5	inspirations.
2	35.	
3	52,5	
4	70,0	pulsations, pas du promeneur, tours de valse, battements des rameurs.
5	87,5	pas modérément accéléré.
6	105,0	pas accéléré.
7	122,5	pas de charge.
8	140,0	pas le plus rapide.

Je me suis rappelé à ce sujet des observations
que j'ai faites autrefois, avec M. Plateau, sur les intermittences auxquelles la rétine est soumise dans le
phénomène des couleurs accidentelles. Voici quelle
était notre manière d'opérer. L'un de nous regardait
fixement, pendant un nombre déterminé de secondes,
un morceau de papier orangé placé sur un fond noir
dans un lieu bien éclairé; puis, il portait aussitôt les
yeux sur un mur blanc. Alors il indiquait avec le plus de
précision possible les instants où l'impression accidentelle atteignait ses maxima successifs d'intensité, tandis que l'autre observateur, muni d'une montre marquant les demi-secondes, notait aussitôt le temps. L'effet produit dans les expériences se bornait à des dispa-
ritions et réapparitions de l'impression accidentelle,
sans retours de l'impression primitive.

Voici nos résultats : les nombres expriment les
temps écoulés depuis l'instant où l'observateur cessait
de regarder l'objet, jusqu'à ceux où l'impression atteignait ses maxima successifs.

<table>
<tr><td colspan="5" align="center">APRÈS AVOIR REGARDÉ L'OBJET</td></tr>
<tr><td colspan="2" align="center">1° PENDANT 15".</td><td align="center">2° PENDANT 30".</td><td colspan="2" align="center">3° PENDANT 60".</td></tr>
<tr><td align="center">M. Quételet.</td><td align="center">M. Plateau.</td><td align="center">M. Quételet.</td><td align="center">M. Quételet.</td><td align="center">M. Plateau.</td></tr>
<tr><td align="center">2″,5</td><td align="center">3″,0</td><td align="center">2″,5</td><td align="center">2″,5</td><td align="center">2″,7</td></tr>
<tr><td align="center">8 ,9</td><td align="center">8 ,5</td><td align="center">8 ,2</td><td align="center">7 ,8</td><td align="center">7 ,0</td></tr>
<tr><td align="center">15 ,1</td><td align="center">16 ,8</td><td align="center">16, 4</td><td align="center">14 ,4</td><td align="center">15 ,0</td></tr>
<tr><td align="center">23, 7</td><td align="center">23 ,5</td><td align="center">25 ,4</td><td align="center">24 ,7</td><td align="center">23 ,0</td></tr>
<tr><td align="center"></td><td align="center"></td><td align="center">35 ,1</td><td align="center">34 ,0</td><td align="center">34 ,5</td></tr>
<tr><td align="center"></td><td align="center"></td><td align="center">45 ,1</td><td align="center">45 ,6</td><td align="center">48 ,0</td></tr>
<tr><td align="center"></td><td align="center"></td><td align="center">55 ,1</td><td align="center">52 ,6</td><td align="center">54 ,0</td></tr>
<tr><td align="center"></td><td align="center"></td><td align="center"></td><td align="center">67 ,9</td><td align="center">65 ,5</td></tr>
</table>

Sous le rapport de l'optique, on pourra voir les résultats déduits de ces expériences, dans les notes que j'ai insérées à la suite de la traduction que M. Verhulst a donnée du *Traité de la Lumière* par sir J. Herchel, p. 521, tome II. Je ne m'y arrêterai point ici, si ce n'est pour remarquer que j'omets, dans la 3e série des observations, quelques réapparitions secondaires que M. Plateau voyait et qui échappaient à mes yeux.

Ce qui mérite ici de fixer notre attention, c'est que les 3e, 5e, et 7e réapparitions tombaient sensiblement sur des instants qui se rapportent à ceux de notre échelle relative aux inspirations et aux pulsations. Les nombres sont en effet 17″,5 ; 35″,0 ; 52″,5, et s'éloignent très-peu de ceux donnés par les intermittences éprouvées par la rétine, si l'on remarque surtout combien ces dernières expériences sont difficiles et peuvent laisser de doute sur les appréciations.

« *Il semblerait qu'il existe véritablement des dispositions légales qui n'autorisent qu'un certain nombre
d'unions pour les différents âges, tant il règne de
régularité à cet égard.* » page 67.

Il suffira pour s'en convaincre de jeter les yeux sur
le tableau suivant :

NOMBRE DE MARIAGES (*en Belgique*)

EN AYANT ÉGARD À LA FOIS À L'ÂGE DE L'HOMME ET DE LA FEMME AU MOMENT DE LEUR UNION.

AGES.	1841	1842	1843	1844	1845
Hommes de 30 ans et au-dessous et femmes.					
de 30 ans et au-dessous.	12,788	12,422	12,368	13,024	13,187
de 30 ans à 45 ans.	2,630	2,626	2,406	2,378	2,438
de 45 » à 60 »	93	121	125	129	102
de 60 » et au-dessus.	7	6	5	8	5
Hommes de 30 ans à 45 ans accomplis et femmes.					
de 30 ans et au-dessous.	6,122	5,803	5,617	5,948	5,810
de 30 » à 45 ans.	5,531	5,396	5,106	5,205	4,981
de 45 » à 60 »	529	542	479	493	532
de 60 » et au-dessus.	18	12	18	24	21
Hommes de 45 ans à 60 ans accomplis et femmes.					
de 30 ans et au-dessous.	376	346	380	355	346
de 30 » à 45 ans.	896	879	896	951	993
de 45 » à 60 »	461	447	433	462	460
de 60 » et au-dessus.	23	19	29	36	28
Hommes de 60 ans et au delà et femmes.					
de 30 ans et au-dessous.	46	35	43	41	36
de 30 » à 45 ans.	139	147	133	119	125
de 45 » à 60 »	153	170	137	112	145
de 60 » et au delà.	62	52	48	50	31
	29,876	29,023	28,220	29,326	29,210

« *J'ai fait voir ailleurs qu'il en est de même des crimes,
qui se reproduisent annuellement en même nombre
et attirent les mêmes peines dans les mêmes proportions.* » page 69.

J'avais fait cette remarque depuis 1829, et je l'avais
formulée de la manière suivante : « il est un budget
qu'on paye avec une régularité effrayante, c'est celui
des prisons, des bagnes et des échafauds ; c'est celui-là
surtout qu'il faudrait s'attacher à réduire. » Cette observation avait trouvé bien des incrédules ; cependant,
d'après l'expérience de dix-neuf années, elle se trouve
pleinement confirmée aujourd'hui.

Déjà, en 1842, **M.** Benoiston de Chateauneuf ter-
minait, par les mots suivants, un *Rapport sur les résultats des comptes de l'administration de la justice
criminelle en France de 1825 à 1839*, qu'il lisait devant l'Académie royale des sciences morales et politiques :

« Aujourd'hui quinze ans se sont écoulés et la valeur de ces deux rapports est à peine changée. Depuis
1825, on compte, année moyenne, un accusé sur
4,500 habitants ou 7,206 par an.

« *On peut donc regarder comme un fait déjà établi
sur un assez grand nombre d'années , qu'à l'état de
paix, de liberté, d'instruction , d'aisance, de civilisation enfin où la France est arrivée, il se produit,
année moyenne, sur une population moyenne aussi de
32 millions d'habitants, 7,206 malfaiteurs connus ;
encore serait-il juste de retrancher de ce nombre un
cinquième pour les récidives.*

« Certes il n'y a là rien dont il faille s'effrayer, et

qui place un assassin ou un fripon derrière chaque citoyen ; et cependant, si ce nombre venait tout à coup
à s'élever à 10,000, bien qu'il fût aussi complétement
absorbé que 7,000 dans une population de 32 millions
d'individus, il y aurait là pour la société une juste raison de s'alarmer ; car il ne saurait arriver dans les lois
de l'ordre moral comme dans celles de l'ordre physique,
de perturbation subite, sans que l'homme ne craigne
aussitôt pour son existence ou pour ses intérêts. Deux
écrivains qui se sont occupés avant moi de l'examen
des comptes de la justice (MM. Quételet et Guerry) ont
tous les deux exprimé cette opinion, « que la plupart
« des faits moraux considérés dans les masses et non
« dans les individus, sont déterminés par des causes
« régulières dont les variations se renferment dans
« d'étroites limites, et qu'ils peuvent être soumis,
« comme ceux de l'ordre matériel, à l'observation di-
« recte et numérique. »

« Sans réduire aussi complétement la conscience à un
rapport de quantité, et sans emprisonner le libre arbitre de l'homme dans une formule d'algèbre, j'a-
vouerai cependant que je n'ai pas vu sans le plus vif
sentiment d'intérêt, quelques-uns des penchants les
plus cachés de l'homme se trahir chaque année dans
le retour constant, régulier des mêmes nombres, et
quelques simples chiffres mettre à nu le cœur humain.

« Cet intérêt dont je n'ai pu me défendre, j'ai pensé
que l'Académie peut-être l'éprouverait ainsi que moi,
et je lui ai communiqué cette note. »

Pendant l'impression de cet ouvrage, il a paru dans
le *compte rendu* des séances de l'Académie royale des
sciences morales et politiques de Paris, cahier de no-
vembre 1847, un mémoire de M. Fayet, intitulé :

Essai sur la statistique intellectuelle et morale de la France. Dans cet essai, l'auteur confirme également, la plupart de nos résultats publiés depuis 1829.

« Ainsi, dit-il, nous sommes fondés à conclure que, pendant la période des 19 ans qui viennent de s'écouler, la criminalité spécifique de l'homme n'a pas notablement varié; d'où il semble résulter qu'à moins d'influence plus puissante, elle ne variera pas non plus d'une manière considérable dans les premières années qui vont suivre cette période.

« La constance de l'influence de l'âge sur la criminalité est telle, que nous pouvons, après 19 ans d'observations, déduire la plupart des conséquences que MM. Quételet et Guerry avaient tirées des 4 ou 5 premières années de cette longue période. Il y a là, ce nous semble, en faveur de la statistique criminelle, un argument qui devrait bien la dédommager du dédain avec lequel certaines personnes semblent la traiter, quand elle a le malheur de heurter des opinions admises à priori ou des préjugés enracinés. »

J'ai eu l'occasion de soumettre moi-même à un nouvel examen les différents documents des *comptes rendus de la justice* d'après les 19 années de 1826 à 1844, dans un travail récemment imprimé dans les Mémoires de l'Académie royale de Bruxelles et portant pour titre : *Sur la statistique morale et les principes qui doivent en former la base.* La constance des faits est telle que je n'ai pas eu à modifier une seule des conclusions auxquelles j'étais parvenu dans mon *Essai de physique sociale,* imprimé en 1835, ou même dans mes *Recherches statistiques,* publiées en 1829. Les faits parlent si haut, qu'il serait en effet impossible de les interpréter diversement.

« *Je supposerai donc que nous ayons à rechercher la tendance du Belge à se marier, dans l'état actuel des choses.* » page 76.

Pour connaître à quelle époque de la vie la fréquence des mariages est la plus grande, il faut fractionner la population par âges, et rapprocher du nombre de chaque catégorie le nombre des mariés qui y appartient. Le rapport entre ces deux quantités donne la mesure de l'élément que l'on veut apprécier. Le tableau suivant présente un exemple de ce calcul. Le nombre des célibataires et des veufs est calculé d'après la table de population de l'*Annuaire de l'Observatoire de Bruxelles,* table qui laisse à désirer aujourd'hui, puisqu'elle est basée sur les éléments de l'ancien recensement de 1829. Les mariages sont donnés pour les quatre années 1841 à 1844, d'après les documents officiels de la Belgique, en supposant que les mariages avaient lieu, pour les hommes, à partir de 18 ans, et, pour les femmes, à partir de 16.

AGE.	HOMMES.			FEMMES.			Fréquence relative des mariages.
	CÉLIBAT. et veufs.	MARIÉS.	Fréquence des mariages.	CÉLIBAT. et veuves.	MARIÉES.	Fréquence des mariages.	
21 ans et au-dessous.	24,448	3,288	134	41,948	11,242	261	0,5
21 — à 25 ans. . . .	30,331	19,345	657	30,434	30,570	998	0,6
25 — à 30 — . .	26,675	38,500	1,443	26,442	54,104	1,290	1,1
30 — à 35 — . .	14,851	25,069	1,690	17,578	19,105	1,098	1,6
35 — à 40 — . .	7,929	13,803	1,740	12,424	10,430	841	2,1
40 — à 45 — . .	5,568	7,962	1,482	10,075	5,894	585	2,5
45 — à 50 — . .	4,536	3,881	855	9,141	2,965	324	2,6
50 — à 55 — . .	4,603	1,882	410	9,785	1,551	137	3,0
55 — à 60 — . .	4,162	1,226	294	8,895	570	64	4,6
60 — à 65 — . .	4,270	809	190	8,875	246	27	7,0
65 — à 70 — . .	4,028	438	108	8,844	97	11	9,8
70 — à 75 — . .	3,235	180	55	6,453	59	9	6,1
75 — à 80 — . .	2,504	49	19	4,767	11	2	9,5
80 — et au delà . .	1,911	13	6	3,448	1	0	»

Le nombre des célibataires et des veufs est calculé sur une population de 1 million d'habitants ; il faudrait donc plus que quadrupler les chiffres contenus dans les 2e et 5e colonnes, pour avoir le véritable nombre des célibataires et des veufs qui ont donné lieu aux mariages indiqués dans les colonnes 3 et 6. Il nous suffisait, pour notre objet, de connaître les valeurs relatives.

———

« *D'abord est-on bien d'accord sur ce qu'il faut entendre par crime ? Évidemment non.* » p. 81.

Il faut entendre comment s'exprime l'auteur des *Pensées* sur ce sujet.

« On ne voit presque rien de juste ou d'injuste qui ne change de qualité en changeant de climat. Trois degrés d'élévation du pôle renversent toute la jurisprudence. Un méridien décide de la vérité, ou peu d'années de possession. Les lois fondamentales changent. Le droit a ses époques. Plaisante justice, qu'une rivière ou une montagne borne ! Vérité en deçà des Pyrénées, erreur au delà.

« Le larcin, l'inceste, le meurtre des enfants et des pères, tout a eu sa place entre les actions vertueuses. Se peut-il rien de plus plaisant qu'un homme ait droit de me tuer parce qu'il demeure au delà de l'eau, et que son prince a querelle avec le mien, quoique je n'en aie aucune avec lui ?

« Il y a sans doute des lois naturelles ; mais cette belle raison corrompue a tout corrompu : *nihil amplius nostri est ; quod nostrum dicimus, artis est ; ex*

*senatus consultis et plebiscitis crimina exercentur ;
ut olim vitiis, sic nunc legibus laboramus.*

« De cette confusion arrive que l'un dit que l'essence de la justice est l'autorité du législateur ; l'autre, la commodité du souverain ; l'autre, la coutume présente : et c'est le plus sûr ; rien, suivant la seule raison, n'est juste en soi ; tout branle avec le temps ; la coutume fait toute l'équité, par cela seul qu'elle est reçue ; c'est le fondement mystique de son autorité. Qui la ramène à son principe, l'anéantit : rien n'est si fautif que ces lois qui redressent les fautes ; qui leur obéit, parce qu'elles sont justes, obéit à la justice qu'il imagine, mais non pas à l'essence de la loi : elle est toute ramassée en soi ; elle est loi, et rien davantage (1). »

L'idée exprimée dans le premier paragraphe se retrouve encore dans une autre pensée de Pascal :

« Pourquoi me tuez-vous ? Eh, quoi ! ne demeurez-vous pas de l'autre côté de l'eau ? Mon ami, si vous demeuriez de ce côté, je serais un assassin, cela serait injuste de vous tuer de la sorte ; mais puisque vous demeurez de l'autre côté, je suis un brave, et cela est juste (2). »

« *La France, depuis une vingtaine d'années, recueille avec soin les documents statistiques de ses tribunaux.* » page 86.

Nous reproduisons ici les principaux nombres de ces tableaux, pour permettre de juger de la constance

______

(1) Pascal, tome II, *Pensées*, p. 99.
(2)   id.   p. 138.

des rapports pour les différents âges. Cette constance,
du reste, apprend seulement que les causes qui ont influé sur l'état social n'ont pas sensiblement changé. Si
ces causes variaient, nul doute que les résultats ne sui-
vissent leurs variations. On pourrait dire de pareils
chiffres, bien mieux que de la littérature, qu'ils sont
l'*expression de la société.*

Une seule série de nombres a subi une diminution
sensible, c'est celle relative aux accusés de moins de 16
ans. La diminution est assez prononcée pour qu'elle ait
dû avoir une cause, telle que les soins plus grands
donnés aujourd'hui à l'éducation des enfants. Dans les
premières années, les accusés de moins de 16 ans étaient
à peu près aussi nombreux que ceux de 60 à 65 ans ;
mais ce dernier nombre s'est maintenu, malgré ses
fluctuations, tandis qu'il n'en a pas été de même du
premier.

322 NOTES.

AGES.	1826.	1827.	1828.	1829.	1830.	1831.	1832.	1833.	1834.	1835.	1836.	1837.	1838.	1839.	1840.	1841.	1842.	1843.	1844.	TOTAUX.	NOMBRES proportionnels.
Moins de 16 ans	124	136	143	117	114	127	114	98	107	94	96	113	89	78	86	69	82	66	74	1,927	1,3
16 à 21 ans	1,101	1,023	1,278	1,226	1,161	1,121	1,225	1,130	1,239	1,142	1,256	1,363	1,225	1,227	1,380	1,294	1,192	1,170	1,162	22,914	16,2
21 à 25	1,163	1,093	1,168	1,183	1,121	1,230	1,229	1,169	1,087	1,155	1,190	1,398	1,376	1,360	1,326	1,195	1,032	1,122	1,100	22,697	16,1
25 à 30	1,300	1,295	1,405	1,277	1,224	1,408	1,474	1,278	1,139	1,302	1,220	1,340	1,315	1,443	1.345	1,265	1,198	1,171	1,202	24,599	17,4
30 à 35	927	967	1,002	1,140	1,124	1,279	1,357	1,121	1,017	1,057	1,017	1,105	1,202	1,070	1,169	1,038	979	1,048	968	20,587	14,6
35 à 40	643	664	685	734	683	781	940	836	812	868	876	951	980	880	988	825	773	819	798	15,486	11,0
40 à 45	601	555	556	587	463	541	630	551	523	532	551	663	634	696	791	716	613	677	661	11,541	8,2
45 à 50	398	451	424	437	416	427	453	424	380	392	373	426	428	378	452	426	424	488	501	8,108	5,7
50 à 55	261	279	282	277	300	287	349	312	268	258	258	276	305	279	288	239	230	254	264	5,266	3,7
55 à 60	168	175	167	158	155	181	189	173	168	193	184	204	199	205	207	162	168	179	182	3,417	2,4
60 à 65	135	152	135	120	90	112	150	109	106	111	107	130	136	138	126	120	130	119	140	2,366	1,7
65 à 70	77	65	75	58	57	74	76	60	63	62	58	76	78	60	59	63	78	67	93	1,299	0,9
70 à 80	41	49	59	52	49	38	49	48	38	51	42	44	43	41	56	49	49	44	44	886	0,6
80 et au-dessus	3	2	7	7	5	2	2	6	5	6	4	5	4	3	3	1	5	2	6	78	0,1
Age inconnu	46	24	»	»	»	»	»	»	»	»	»	»	»	»	»	»	»	»	»	70	0,1
TOTAL GÉNÉRAL.	8,988	6,929	7,396	7,373	6,962	7,606	8,237	7,815	6,952	7,223	7,232	8,094	8,014	7,858	8,226	7,462	6,953	7,226	7,195	141,241	100,0

Table heading: NOMBRE DES ACCUSÉS EN FRANCE, D'APRÈS LES AGES. (CRIMES DIVERS.)

« *J'ai pu profiter de leurs données pour appliquer les principes qui précèdent, à la formation de tables de criminalité.* » page 86.

On trouvera, dans le tableau qui suit, l'estimation du penchant au crime pour les différents âges et pour chacune des cinq périodes quinquennales. La presque identité des chiffres montre suffisamment que, malgré toutes les fluctuations accidentelles, malgré même la révolution de 1830, il existe une parfaite permanence dans la reproduction des crimes et que, par suite, les circonstances sociales dont elle dépend, n'ont pas dû être sensiblement altérées.

Afin de rendre les comparaisons plus faciles, les nombres de chaque colonne ont été réduits proportionnellement, de manière que leur total fût partout égal à 100. La dernière colonne renferme les moyennes des nombres contenus dans les quatre colonnes précédentes.

AGES.	FRACTIONNEMENT de LA POPULATION française.	ÉCHELLE DE CRIMINALITÉ d'après les périodes.				MOYENNES des 4 périodes.
		1826-1830	1831-1835	1836-1840	1841-1844	
Moins de 16 ans.	11,234,500	0,4	0,3	0,2	0,2	0,3
16 à 21 ans.....	3,017,450	12,2	11,8	12,3	12,5	12,2
21 à 25 »	2,288,440	15,9	15,6	16,6	15,1	15,8
25 à 30 »	2,688,560	15,3	14,9	14,5	14,0	14,6
30 à 35 »	2,489,080	13,2	14,2	12,9	12,7	13,3
35 à 40 »	2,285,760	9,5	11,2	11,6	10,9	10,8
40 à 45 »	2,079,410	8,4	8,1	9,2	9,0	8,9
45 à 50 »	1,866,210	7,2	6,7	6,5	7,7	7,0
50 à 55 »	1,639,560	5,4	5,4	4,9	4,7	5,1
55 à 60 »	1,393,030	3,9	3,9	4,1	3,9	3,9
60 à 65 »	1,124,190	3,6	3,2	3,3	3,5	3,4
65 à 70 »	839,280	2,4	2,4	2,3	2,8	2,5
70 à 80 »	865,930	1,8	1,6	1,2	1,7	1,6
80 et plus.......	188,600	0,8	0,7	0,6	0,6	0,6
TOTAUX.....	....	100,0	100,0	100,0	100,0	100,0

Ce tableau est remarquable sous plus d'un rapport.
Il montre d'abord que le penchant au crime, en général, se développe, en France, avec le plus d'énergie
de 21 à 25 ans, ou plus exactement vers l'âge de 24
ans. Ce fait est constaté par chacune des quatre périodes que nous avons considérées ; il se prononce
même dans les résultats de chaque année individuellement. A partir de là, ce penchant s'amortit faible-
ment jusqu'à l'âge de 35 à 40 ans, puis d'une manière
plus rapide jusqu'à la fin de la vie.

Ce que révèle l'observation, le raisonnement pouvait le prévoir jusqu'à un certain point. L'homme a
le plus de penchant au crime quand le développement
physique est à peu près complétement achevé, quand
les passions règnent dans toute leur fougue, quand l'é-
mancipation légale vient d'avoir lieu, et que la raison
n'a pas encore atteint sa maturité. Ce penchant perd,
au contraire, de son activité quand l'homme se marie,
quand les prévisions doivent s'étendre sur sa famille et
quand la raison commence à dominer la violence des
passions.

« *Si l'on considère en particulier les principaux crimes, ils se présentent, pour la précocité, dans l'ordre suivant : Le vol, le viol, les coups et blessures,
les meurtres, les assassinats, les empoisonnements,
et les faux de toute espèce.* » Page 87.

Pour permettre des comparaisons, nous avons, dans
le tableau qui suit, rapproché le nombre des accusés
de celui des individus de même âge que renferme la

société, en sorte que chaque quantité exprime la probabilité relative d'être mis en accusation, probabilité qui, comme nous l'avons vu, peut être prise pour celle d'être réellement reconnu criminel. De plus, les divers nombres sont *réduits proportionnellement*, de manière que le total de chaque colonne soit égal à 100.

AGES.	DEGRÉS DU PENCHANT AU CRIME.							
	VOLS.	VIOLS.	COUPS et Blessures.	MEURTRES	ASSASIS-NATS.	EMPOISON-NEMENTS.	Fausse MONNAIE et faux.	Faux TÉMOIGN. subornat.
Moins de 16 ans.	0,4	0,1	0,1	0,2	0,1	0,3	0,1	0,1
16 à 21 ans.....	16,0	14,1	10,9	7,3	6,0	3,4	3,8	4,6
21 à 25 »	18,4	14,3	13,5	15,3	14,2	9,5	10,1	9,1
25 à 30 »	14,7	12,6	20,1	16,9	14,4	13,9	11,8	8,8
30 à 35 »	13,2	11,1	16,7	14,0	15,3	12,2	13,4	11,0
35 à 40 »	10,7	8,8	11,8	11,1	10,8	11,3	12,8	11,7
40 à 45 »	6,6	7,5	6,8	8,3	9,7	13,0	11,5	11,0
45 à 50 »	6,4	6,4	6,3	7,3	8,2	9,4	9,7	10,0
50 à 55 »	4,5	4,1	4,7	5,8	6,3	6,5	7,6	9,3
55 à 60 »	3,1	4,4	3,3	4,5	5,2	4,8	5,5	8,3
60 à 65 »	2,6	4,8	2,9	4,0	4,3	4,8	5,4	6,9
65 à 70 »	1,8	5,2	1,6	3,0	3,2	5,1	3,9	5,4
70 à 80 »	1,2	4,5	0,8	1,7	1,7	3,0	3,0	3,8
80 et au-dessus.	0,4	2,1	0,5	0,9	0,6	2,8	1,4	»
TOTAUX....	100,0	100,0	100,0	100,0	100,0	100,0	100,0	100,0

Les nombres sur lesquels les rapports précédents ont été calculés sont ceux donnés par les tribunaux de France, pendant les dix-neuf années, de 1826 à 1844 inclusivement. La population a été estimée d'après l'*Annuaire du bureau des longitudes.*

Les chiffres relatifs aux différents crimes atteignent, chacun, un maximum et décroissent ensuite. Le viol seul fait exception. La tendance à ce crime est une des premières à se développer dans toute son intensité ; le maximum se manifeste dès l'âge de 22 ans. Mais ce crime présente cette circonstance toute particulière qu'après avoir diminué, pour la fréquence, jusqu'à l'âge de 50 à 55 ans, il reprend ensuite un nouveau degré d'énergie et passe par un nouveau maximum entre 65 et 70 ans.

« Le suicide est également soumis à une loi, laquelle diffère essentiellement de la loi de criminalité. » page 88.

Les comptes rendus de la justice en France font connaître le nombre des suicides avec les âges, pour la période décennale de 1835 à 1844; ceux de la Belgique le donnent aussi, mais seulement pour quatre années, de 1835 à 1839 inclusivement. Les tables suivantes ont été calculées de la même manière que celles de la criminalité : pour juger de la fréquence du suicide à chaque âge, on a tenu compte de la population correspondante à chacune des catégories spécifiées dans le tableau.

AGES.	NOMBRE des Suicides comparé à la population POUR LA FRANCE.		RAPPORT entre Les Hommes et les FEMMES.	NOMBRE RELATIF des suicides comparé à la population.		
				EN FRANCE.		EN BELGIQUE
	Hommes.	Femmes.		Hommes.	Femmes.	Hom. et fem.
Moins de 16 ans.	13	4	3,2	0,2	0,1	0,2
16 à 21 ans.....	286	156	1,8	3,5	5,7	2,2
21 à 30 »	645	225	2,9	8,0	8,3	7,6
30 à 40 »	781	219	3,6	9,7	8,1	10,0
40 à 50 »	1,028	322	3,2	12,8	11,9	12,7
50 à 60 »	1,067	381	2,8	13,2	14,0	17,1
60 à 70 »	1,260	453	2,8	15,7	16,7	15,6
70 à 80 »	1,486	487	3,1	18,5	18,0	17,3
80 et plus.......	1,474	467	3,2	18,4	17,2	17,3
TOTAUX....	8,040	2,714	3,0	100,0	100,0	100,0

On voit que les suicides sont très-peu fréquents pendant les premiers temps de la vie, que leur nombre croît avec l'âge et que la loi est à peu près exactement la même pour les hommes et pour les femmes. Chez ces dernières, cependant, le suicide est relativement un peu plus fréquent vers l'âge de 20 à 25 ans, et l'on peut présumer que la cause est à peu près la même que celle qui conduit à l'infanticide. Du reste , considéré d'une manière absolue, le nombre des suicides en France est trois fois aussi grand chez les hommes que chez les femmes.

Tout ce qui précède nous montre que l'homme, en général, procède avec la plus grande régularité dans toutes ses actions. Qu'il se marie, qu'il se reproduise ou qu'il se tue, qu'il attente à la propriété ou à la vie de son semblable, toujours il semble agir sous l'influence de causes déterminées et placées en dehors de son libre arbitre.

Nous nous garderons bien cependant de conclure de là, que cette constance est le résultat d'un fatalisme désolant. Nous n'y voyons, pour nous, que la preuve de la permanence des circonstances morales qui font naître les suicides, pendant la période qu'embrassent nos observations.

« *Ainsi donc, le libre arbitre, bien loin de porter obstacle à la production régulière des phénomènes sociaux, la favorise au contraire.* » Page 97.

M. Fayet déduit des conclusions analogues de l'examen qu'il vient de faire des *Comptes rendus de la justice criminelle en France.* « En calculant, dit-il, la criminalité spécifique de l'homme aux diffé-rents âges de sa vie, en avançant que, dans le même pays et pendant un temps plus ou moins long, cette criminalité devait être à peu de chose près invariable, nous n'avons pas voulu dire que l'homme fût fatale-ment entraîné d'une manière plus ou moins énergique vers le mal ; nous savons que l'homme, à toutes les époques de sa vie, est libre de résister au mal, et voilà pourquoi tous les législateurs le déclarent punissable ; mais nous savons aussi que, malgré cette liberté inhé-rente à sa nature, l'homme succombe plus ou moins fréquemment à ses mauvais penchants, suivant la violence des tentations, suivant les mauvaises influen-ces sous lesquelles il se trouve. Quelque mauvaises que soient ces influences, il y a des hommes qui résistent ; mais aussi, quelque bonnes et bienfaisantes qu'elles soient, il y a de mauvaises natures qui se livrent à l'es-prit du mal. C'est ainsi qu'au milieu des familles les plus dégradées on trouve quelquefois des âmes d'élite, et qu'au sein des familles les plus vertueuses et les plus respectables, se forment des êtres vils et dégradés. C'est ainsi que dans les écoles les plus mal tenues, on trouve quelquefois de bons élèves, et qu'on en trouve de fort mauvais dans les meilleures écoles ; c'est ainsi qu'au sein des sociétés en décadence, on trouve de remar-quables et puissantes individualités, et qu'au sein des nations les plus morales et les plus progressives, on trouve des individus pervertis et dépravés.

« Malgré ces exceptions plus ou moins fréquentes, il n'en est pas moins vrai, qu'en général l'homme mo-ral est en grande partie en raison de l'éducation qu'il reçoit, du milieu qui l'entoure, des influences sous lesquelles il vit; et qu'il aura le plus de chances favorables possible, toutes choses égales d'ailleurs, si, étant né au sein d'une famille honnête et vertueuse, et élevé dans une bonne et forte école, il vit au milieu d'une nation zélée pour le bien et pour la vertu.

« En deux mots, l'homme reste toujours libre; mais les faits prouvent que, durant toute sa vie, il succombe plus ou moins fréquemment au mal, suivant les circonstances; et que, par conséquent toutes ces circonstances ne changeant pas la probabilité, la chute reste la même.

«Et voilà dans quel sens le calcul peut être appliqué aux faits moraux, presque avec autant d'exactitude qu'aux autres phénomènes de la nature physique. » (*Compte rendu* des séances de l'Académie royale des sciences morales et politiques, nov. 1847, page 418.)

« *Il n'existe sous ce rapport rien d'absolu; telle constitution politique qui convient à un peuple serait essentiellement nuisible à un autre*, etc. » Page 149.

Montesquieu dit, en parlant des lois : « Elles doivent être tellement propres au peuple pour lequel elles sont faites, que c'est un très-grand hasard si celles d'une nation peuvent convenir à une autre.... Elles doivent être relatives au *physique* du pays, au climat glacé, brûlant ou tempéré; à la qualité du terrain, à sa situation, à sa grandeur; au genre de vie des peuples, laboureurs, chasseurs ou pasteurs; elles doivent se rapporter au degré de liberté, que la constitution peut souffrir ; à la religion des habitants, à leurs in-clinations, à leurs richesses, à leur nombre, à leur commerce, à leurs mœurs, à leurs manières. Enfin, elles ont des rapports entre elles ; elles en ont avec leur origine, avec l'objet du législateur, avec l'ordre des choses sur lesquelles elles sont établies. C'est dans toutes ces vues qu'il faut les considérer. » *Esprit des lois,* livre I, chap. 3.

« *Comme la nature a donné des termes à la stature d'un homme bien conformé, passé lesquelles elle ne fait plus que des géants ou des nains, il y a de même, eu égard à la meilleure constitution d'un État, des bornes à l'étendue qu'il peut avoir, afin qu'il ne soit ni trop grand pour être bien gouverné, ni trop petit pour pouvoir se maintenir par lui-même.* » Page 155.

Voici comment J. J. Rousseau développe cette même idée, dans le chapitre IX, de son *Contrat social :*

« Mille raisons démontrent cette maxime. Premièrement, l'administration devient plus pénible dans les grandes distances, comme un poids devient plus lourd au bout d'un plus grand levier. Elle devient aussi plus onéreuse à mesure que les degrés se multiplient ; car chaque ville a d'abord la sienne, que le peuple paye ; chaque district la sienne, encore payée par le peuple ; ensuite chaque province, puis les grands gouvernements, les satrapies, les vice-royautés, qu'il faut toujours payer plus cher à mesure qu'on monte, et tou-

jours aux dépens du malheureux peuple; enfin vient
l'administration suprême qui écrase tout. Tant de
surcharges épuisent continuellement les sujets : loin,
d'être mieux gouvernés par tous ces différents ordres,
ils le sont moins bien que s'il n'y en avait qu'un seul
au-dessus d'eux. Cependant à peine reste-t-il des ressources pour les cas extraordinaires; et quand il y faut
recourir, l'État est toujours à la veille de sa ruine.

«Ce n'est pas tout : non-seulement le gouvernement
a moins de vigueur et de célérité pour faire observer
les lois, empêcher les vexations, corriger les abus,
prévenir les entreprises séditieuses qui peuvent se
faire dans des lieux éloignés ; mais le peuple a moins
d'affection pour ses chefs, qu'il ne voit jamais, pour la
patrie, qui est à ses yeux comme le monde, et pour ses
concitoyens, dont la plupart lui sont étrangers. Les
mêmes lois ne peuvent convenir à tant de provinces
diverses qui ont des mœurs différentes, qui vivent
sous des climats opposés, et qui ne peuvent souffrir la
même forme de gouvernement. Des lois différentes
n'engendrent que trouble et confusion parmi des peuples qui, vivant sous les mêmes chefs et dans une communication continuelle, passent ou se marient les uns
chez les autres, et, soumis à d'autres coutumes, ne savent jamais si leur patrimoine est bien à eux. Les talents sont enfouis, les vertus ignorées, les vices impu-
nis, dans cette multitude d'hommes inconnus les uns
aux autres, que le siége de l'administration suprême
rassemble dans un même lieu; les chefs, accablés
d'affaires, ne voient rien par eux-mêmes ; des commis
gouvernent l'État. Enfin les mesures qu'il faut prendre pour maintenir l'autorité générale, à laquelle tant
d'officiers éloignés veulent se soustraire ou en impo-

ser, absorbent tous les soins publics; il n'en reste plus pour le bonheur du peuple, à peine en reste-t-il pour sa défense au besoin; et c'est ainsi qu'un corps trop grand pour sa constitution s'affaisse et périt écrasé sous son propre poids.

« D'un autre côté, l'État doit se donner une certaine base pour avoir de la solidité, pour résister aux secoùsses qu'il ne manquera pas d'éprouver, et aux efforts qu'il sera contraint de faire pour se soutenir : car tous les peuples ont une espèce de force centrifuge, par laquelle ils agissent continuellement les uns contre les autres, et tendent à s'agrandir aux dépens de leurs voisins, comme les tourbillons de Descartes. Ainsi les faibles risquent d'être bientôt engloutis; et nul ne peut guère se conserver qu'en se mettant avec tous dans une espèce d'équilibre qui rende la compression partout à peu près égale.

« On voit par là qu'il y a des raisons de s'étendre et des raisons de se resserrer; et ce n'est pas le moindre talent du politique de trouver entre les unes et les autres la proportion la plus avantageuse à la conservation de l'État. On peut dire, en général, que les premières, n'étant qu'extérieures et relatives, doivent être subordonnées aux autres, qui sont internes et absolues. Une saine et forte constitution est la première chose qu'il faut rechercher; et l'on doit plus compter sur la vigueur qui naît d'un bon gouvernement, que sur les ressources que fournit un grand territoire.

« Au reste, on a vu des États tellement constitués, que la nécessité des conquêtes entrait dans leur constitution même, et que, pour se maintenir, ils étaient forcés de s'agrandir sans cesse. Peut-être se félicitaient-ils beaucoup de cette heureuse nécessité, qui leur montrait pourtant, avec le terme de leur grandeur, l'inévitable moment de leur chute. »

————

« *On peut même dire que plus la tendance à croître devient grande, plus les obstacles qui s'opposent aux accroissements deviennent considérables.* » P. 175.

J'avais avancé, dans mon *Essai de physique sociale,* que les obstacles peuvent être considérés comme se développant en raison du carré de la vitesse avec laquelle une population tend à croître. J'ai trouvé, depuis, que la même idée avait été émise par M. le baron Fourier, dans l'une de ses excellentes introductions aux *Recherches statistiques sur Paris.*

M. Verhulst s'est occupé de rechercher si les obstacles croissent bien réellement comme le carré de la vitesse , ou s'il ne faut point adopter une autre hypothèse (*Mémoires de l'Académie royale de Bruxelles,* t. XVII). Dans le dernier Mémoire qu'il a publié à ce sujet (*Mémoires de l'Académie,* t. XX), il a cru devoir admettre l'hypothèse que *les obstacles à l'accroissement de la population augmentent proportionnellement au rapport de la population surabondante à la population totale.*

« *Chaque nation, selon ses moyens de production et selon les besoins de ses habitants, ne peut disposer que d'un certain nombre de places au banquet de la vie,* etc. » Page 191.

Il existe, chez les gens du monde, bien des préjugés à cet égard. On est généralement préoccupé de l'instant présent, et l'on juge fort mal des traces que certains fléaux peuvent laisser dans la société, tels que les guerres, les épidémies et les ravages de la petite vérole. Je citerai à ce sujet les judicieuses observations qui sont émises par mon savant ami, M. Villermé, dans son Mémoire intitulé : *Des épidémies sous les rapports de la statistique médicale et de l'économie politique.*

« Ni les épidémies, ni les guerres ou les famines qui traînent les épidémies à leur suite, ne sont pas, comme on le répète partout, ce qui fait toujours diminuer la population, ou même l'empêche de s'accroître. C'est seulement dans certains cas qu'elles ont cet effet, et d'une manière passagère. De même aussi, l'absence des famines, des guerres, des épidémies, quelque longue qu'on la suppose, n'augmente jamais la population, du moins directement. La destruction produite par ces fléaux, destruction que des récoltes assez abondantes, la paix et un état de bonne santé publique préviennent, est remplacée dans les circonstances ordinaires au milieu desquelles vivent les sociétés européennes actuelles, par une autre qui, pour frapper des coups moins violents et inaperçus, n'est pas moins certaine. Enfin, comme on l'avait déjà dit avant M. Malthus, qui a le mérite de l'avoir mieux établi que tous les autres, la population d'un pays, ou le nombre de ses habitants, dépend toujours des moyens d'existence, de la quantité des aliments qu'il fournit ou qu'on peut s'y procurer. En d'autres termes, la population est réglée, bornée par eux, et elle croît ou décroît avec eux.

« Si ce qu'on vient de dire est vrai, si la population se met toujours au niveau des moyens de subsistance, les nouveaux venus ne peuvent vivre qu'autant que d'autres s'en vont ou que la masse des subsistances augmente ; et, par conséquent, la vaccine ne peut faire arriver à l'âge adulte des enfants qui seraient morts de la petite vérole, que de deux manières :

« Ou, en empêchant la naissance d'un certain nombre d'enfants, effet que l'on ne conçoit point d'abord ;

« Ou, en condamnant au malheur, à une misère excessive, et par suite à une mort anticipée, ceux que les enfants conservés à la vie par la vaccine, privent d'une partie de leurs aliments. Il y a donc, en supposant qu'aucune prudence ne limite notre fécondité, un déplacement de la mort, qui frappe aujourd'hui tel individu qu'elle eût encore épargné, et laisse vivre encore tel autre qu'elle eût frappé. Il est évident que cette substitution, ce remplacement d'un individu par un autre, si important pour les familles, ne touche en rien les États.

« Il est bien entendu que cette proposition ne serait point fondée, si on l'appliquait aux lieux dont les habitants étendent autant qu'ils le veulent le sol cultivable, ou bien disposent de moyens d'existence qui peuvent entretenir une plus forte population. Dans ces lieux, au contraire, la vaccine, comme tous les préservatifs d'épidémie ou de maladie mortelle, concourt directement à l'accroissement de la population ; mais telle n'est point notre Europe, surtout prise en masse. On se tromperait grandement si l'on pensait qu'un homme laborieux y a constamment et partout la certitude de subsister aisément avec sa famille, même dans les pays où le sol est le plus fertile, les institutions les plus sages, et l'administration la meilleure.

« Si ce que je viens de dire n'est pas erroné, il en résulte que repousser chez nous la vaccine, ou par son insouciance ne pas y avoir recours pour sa progéniture, c'est, aux dépens de l'existence de ses propres enfants, assurer celle des autres ; c'est, sans le savoir, être le meurtrier des siens.

« Il n'est pas moins certain aussi, que dans toute société où, comme chez nous, ce sont en général les classes instruites, les classes aisées, qui font vacciner leurs enfants, et le bas peuple qui s'y refuse, l'heureuse découverte de Jenner profite surtout à ceux qui, sous tant d'autres rapports déjà, ont tiré, que l'on pardonne cette expression, le meilleur billet dans la loterie de la vie.

« Toutefois, il ne faut pas croire que la vaccine ou tout autre préservatif des épidémies ou maladies de l'enfance, ne puisse jamais, en aucune manière, contribuer à l'accroissement de la population. En substituant, pendant un laps de temps donné, un enfant qui devient adulte à deux enfants qui consomment et meurent avant que de pouvoir rien produire, la vaccine favorise la production, et, par conséquent, indirectement l'accroissement de la population, en raison de l'excédant des produits ou des moyens de subsistance qui en résulte. Mais, il faut le reconnaître, cet effet indirect de la vaccine sur la population, dont les économistes ont oublié de tenir compte, sans doute à cause de son peu d'importance, est bien minime, en comparaison surtout de celui que si généralement on

attribue à la vaccine : car il est bien démontré, par
l'observation unanime de tous les pays, que la popu-
tion tend à s'accroître, par ses seules forces reproduc-
tives, beaucoup plus rapidement que ne le permet tout
accroissement possible dans la masse des aliments. »

« *Une administration dépourvue de lumières, peut produire une mortalité plus ou moins rapide, et quelquefois excessive, dans les prisons, dans les hospices, dans les dépôts de mendicité, dans les ateliers,
dans les casernes et partout enfin où des hommes se
trouvent réunis.* » Page 193.

MM. Villermé, Casper, Julius, Porter, Fletcher,
Chadwick et plusieurs autres statisticiens se sont attachés à montrer ce que peut devenir la mortalité dans
les prisons et dans les lieux où l'on réunit un grand
nombre de travailleurs, quand l'administration y est
mauvaise. J'ai rappelé moi-même l'immense mortalité qui s'était déclarée dans la prison de Vilvorde, près
de Bruxelles, pendant les années 1802, 1803 et 1804,
où elle était de 1 sur 1,27, 1,67 et 1,91 de la population moyenne ; *Physique sociale*, t. I, p. 263.

L'attention s'est particulièrement tournée dans ces
derniers temps vers les jeunes travailleurs, et ce n'est
point sans raison. « C'est sur l'enfance que repose l'espoir de la société ; pour avoir des hommes forts, intel-
ligents, moraux, c'est de l'enfance qu'il faut s'occuper
avant tout. Eh bien ! si par une cupidité effrénée, on
pressure, on écrase à force de travail ces constitutions

juvéniles, qui ont besoin d'air pour se développer, ces esprits qui aspirent à la lumière de la pensée, on portera une atteinte funeste au capital moral de la nation ; on arrivera à produire une population étiolée, rabougrie, sans énergie contre le mal, sans intelligence pour le bien. Supposons que ce vice social existe, faudra--il que, par un respect superstitieux pour la liberté du travail, le gouvernement tolère cette véritable traite des blancs, signalée récemment avec courage par un écrivain habile, M. Léon Faucher. Le mal n'est pas poussé aussi loin en France, qu'il l'a été en Angleterre ; mais n'oublions pas que nos campagnes sont encore plus peuplées que nos villes, et n'attendons pas la transformation plus complète de la famille agricole en famille manufacturière, pour appliquer le remède. » M. L. Wolowski, *Cours de législation industrielle*, introduction, page 16, 1840.

Les économistes allemands et particulièrement MM. Mittermaier, Ch. H. Rau, de Mohl, Schubert qui se sont le plus occupés de la science administrative, ont montré la nécessité de mettre la législation en rapport avec nos institutions modernes.

« *Qui dispense la réputation? qui donne le respect et la vénération aux personnes, aux ouvrages, aux grands, sinon l'opinion?* etc. » page 200.

La pensée de Pascal commence par les mots suivants (1) :

(1) Pascal, tome II, Pensées, p. 95.

« Cette superbe puissance, ennemie de la raison, qui se plaît à la contrôler et à la dominer, pour montrer combien elle peut en toutes choses, a établi dans l'homme une seconde nature. Elle a ses heureux et ses malheureux ; ses sains, ses malades ; ses riches, ses pauvres ; ses fous et ses sages ; et rien ne nous dépite davantage que de voir qu'elle remplit ses hôtes d'une satisfaction beaucoup plus pleine et entière que la raison : les habiles par imagination se plaisant tout autrement en eux-mêmes que les prudents, ne peuvent raisonnablement se plaire. Ils regardent les gens avec empire ; ils disputent avec hardiesse et confiance ; les autres avec crainte et défiance ; et cette gaieté de visage leur donne souvent l'avantage dans l'opinion des écoutants, tant les sages imaginaires ont de faveur auprès de leurs juges de même nature ! Elle ne peut rendre sages les fous ; mais elle les rend contents, à l'envi de la raison, qui ne peut rendre ses amis que misérables. L'une les comble de gloire, l'autre les couvre de honte. »

On lit dans une autre Pensée (1) :

« Comme la mode fait l'agrément, aussi fait-elle la justice. Si l'homme connaissait réellement la justice, il n'aurait pas établi cette maxime la plus générale de toutes celles qui sont parmi les hommes : que chacun suive les mœurs de son pays : l'éclat de la véritable équité aurait assujetti tous les peuples, et les législateurs n'auraient pas pris pour modèle, au lieu de cette justice constante, les fantaisies et les caprices des Per-

____

(1) Pascal, tome II, Pensées, p. 139. Ce passage du reste est emprunté à Montaigne.

ses et des Allemands ; on la verrait plantée par tous les États du monde, et dans tous les temps.

« La justice est ce qui est établi ; et ainsi toutes nos lois établies seront nécessairement tenues pour justes sans être examinées, puisqu'elles sont établies.

« Les seules règles universelles sont les lois du pays, aux choses ordinaires ; et la pluralité aux autres. D'où vient cela ? de la force qui y est. »

« *Sous le nom de droit des gens, on est convenu de quelques formes qui rendent moins odieux en apparence les crimes que les États commettent entre eux.* » Page 221.

On comprend que je ne veux point contester ici le mérite de plusieurs ouvrages très-savants qui ont été publiés sur le droit naturel et sur le droit des gens. Je n'entends parler que de ce qui existe dans l'état actuel des choses. Sous ce rapport, je ne vais certainement pas aussi loin que plusieurs légistes. « Les peuples, dit l'un d'eux, ne sont soumis à d'autres lois qu'à celles de la nature ; car la loi est toujours un ordre émané d'un supérieur légitime, et les nations sont entre elles dans un état d'indépendance parfaite. Or, pour qu'il existât un droit des gens positif, il faudrait qu'il y eût expression de la volonté générale de tous les peuples, soit par eux-mêmes, soit par des représentants ; c'est ce qui n'est pas, et c'est ce qui ne sera jamais. » G. L. J. C... é. *Dict.* de Courtin.

« *Ma conviction profonde, est que, dans tout pays, dans
tout mode d'administration, donner à la politique
extérieure une direction conforme à la morale et à la
justice, c'est-à-dire à l'intérêt général des hommes,
ne serait pas seulement une œuvre digne de l'éloge
des peuples et de l'histoire, mais un système sage,
bien entendu, etc.* » Page 258.

M. le baron Bignon, à qui nous empruntons cette
phrase, a inséré, dans le tome Ier des *Mémoires de l'A-
cadémie royale des sciences morales et politiques,* un
écrit sur la *Conciliation progressive de la morale et de
la politique,* dans lequel on lit encore ce qui suit :

« Au premier coup d'œil on est tenté de croire que
la politique extérieure est peu susceptible d'un perfectionnement graduel et soutenu, parce que le mélange
de bien et de mal qui, généralement, se produit dans
ses œuvres, ne permet presque pas de distinguer une
marche suivie vers une amélioration déterminée, qui
ait pu servir de point de départ pour une amélioration
nouvelle. Cependant, malgré ces alternatives de mal
et de bien, toujours l'humanité a fait en avant quelques pas de plus ; insensiblement on est arrivé à des
doctrines plus saines, et il est dans l'ordre de la nature qu'à la longue, les saines doctrines, pénétrant for-
cément dans les actes, reçoivent une application plus
étendue et plus constante. Pourquoi, en effet, existerait-
il, à l'égard de la politique extérieure, une exception
fatale qui la condamnât à rester seule incapable de
progrès au milieu de tous les autres développements
de l'esprit humain ? Jusqu'à ce jour on s'est représenté
la politique extérieure d'après ce qu'elle a été ; il faut

la juger d'après ce qu'elle doit être, d'après ce qu'elle est déjà, quelquefois par un heureux accident, d'après ce qu'elle est appelée à devenir en règle générale.

« Quel doit être son véritable but ? La conservation. Quel a été son but habituel ? L'envahissement.

« Partout aujourd'hui, avant de faire la guerre, on tâche de persuader aux peuples qu'on ne s'y décide que pour la défense de leurs intérêts ou de leurs droits ; partout on est forcé de reconnaître qu'il n'y a de guerres dignes de leur dévouement et de leurs sacrifices que de justes guerres. La ressource de l'ambition sera donc d'emprunter les couleurs de la justice ; mais cette simulation deviendra graduellement moins aisée ; et le jour arrivera où la difficulté de faire accepter pour juste ce qui ne le serait pas, rendra la guerre et plus rare et moins funeste dans ses conséquences. Depuis qu'une publicité presque générale livre au jugement des nations la conduite des gouvernements, il est des injustices qu'on ne commettra plus, parce qu'on n'oserait plus les avouer. On ne reculerait pas devant l'acte lui-même peut-être ; on reculera devant l'improbation qui doit l'atteindre. »

« Lui seul peut acquérir la science, cet élément indispensable de tout progrès. » Page 243.

Voici comment s'exprime à ce sujet mon respectable ami, M. Droz, dans son ouvrage sur la *Philosophie morale*.

« Tout change, et dans le mouvement universel des êtres, le genre humain est soumis à la double influence du temps et de sa propre activité : mais a-t-il une marche progressive, avance-t-il vers un but, de manière qu'on doive espérer pour lui sur la terre des destinées meilleures, ou ne fait-il que tourner continuellement dans un cercle, revenant au point d'où il est parti, pour s'en éloigner de nouveau, et pour y revenir encore?

« Il faut observer nos facultés, nos divers travaux et leurs résultats. Je vois d'abord avec une extrême surprise que l'imagination si vive, si féconde, est cependant de toutes les facultés de notre esprit, celle dont les productions se trouvent circonscrites dans les bornes les plus étroites. La poésie, les beaux-arts, heureux enfants de l'imagination, naissent, prospèrent, déclinent, périssent chez un peuple; ils renaissent chez un autre, pour offrir les mêmes phénomènes ; et l'on ne peut dire que dans les dernières contrées qui en jouissent, les poëtes et les artistes obtiennent sur leurs prédécesseurs une évidente supériorité. Quelques écrivains ont développé avec beaucoup de talent une opinion contraire ; ils ont prétendu que la littérature moderne surpasse la littérature ancienne ; mais ces écrivains, séduits par un ingénieux système, me paraissent plus jaloux de lui prêter des charmes que de rendre hommage à la vérité. La poésie, en parcourant la Grèce, l'Italie et la France, a déployé dans ces divers États des richesses à peu près égales. On peut prendre indistinctement des vers d'Euripide, de Virgile ou de Racine, pour montrer à quel point de perfection il est donné au génie de parvenir dans cet art brillant. Le goût particulier d'un peuple lui fera préférer ses compositions dramatiques à celles de tous les autres ; mais soyons sans partialité, et nous jugerons qu'on n'a point surpassé les Grecs dans l'art de faire goûter aux spec-

tateurs de vives et nobles émotions : on compose dif-
féremment, sans composer mieux. Non, la littérature
n'a point une marche progressive; elle décrit un cercle. Le peuple qui succède à ceux qu'abandonne la
gloire littéraire, ne continue pas leur ouvrage; il le
recommence.

« Des travaux plus sérieux présentent un phénomène
très-différent. Le pouvoir que l'homme a de recueillir
des faits, de les comparer et d'en tirer des conséquences, de créer ainsi des sciences fécondes en applications
utiles, ce pouvoir s'exerce sur un domaine immense
dont il est impossible d'assigner les limites. Ajoutons
que dans les lettres, les travaux sont individuels; et
que dans les sciences, ils se font en commun. Les richesses scientifiques, amassées chez tous les peuples et
dans tous les âges, forment un trésor que nos contemporains grossissent du produit de leurs veilles; et que
nos neveux continueront d'accroître. La marche des
sciences est progressive : c'est du point où sont arrivés
nos prédécesseurs que nous partons pour aller plus
loin.

« Sans doute, plusieurs découvertes se sont perdues;
des faits et des procédés connus dans des temps reculés
sont ignorés de nos jours. Mais, d'une part, ces pertes
sont probablement faibles; de l'autre, l'avenir ne peut
en craindre de semblables. Le génie, par les progrès
de ses découvertes, a trouvé les moyens de perpétuer
ses œuvres : l'imprimerie et la gravure transmettront
indéfiniment les inventions précieuses. Ni les ravages
des conquérants, ni les révolutions intestines qui dé-
vorent les peuples, ni les efforts des plus aveugles ty-
rans, ne sauraient désormais anéantir les lumières. Il
existe dans toutes les parties du monde, des archives

où toutes les connaissances humaines ont été mises en dépôt. Une contrée civilisée, une seule échapperait aux barbares, qu'elle deviendrait pour toutes les autres l'arche de salut. L'homme ne peut plus détruire l'ouvrage de l'homme; et pour anéantir les sciences, il faut qu'une révolution physique bouleverse le globe jusqu'en ses fondements.

« Un être borné dans ses moyens d'action, ne pouvant produire que des effets également bornés, il est évident que les progrès des sciences et des arts industriels ne seront pas infinis; mais tout annonce que l'esprit humain s'exercera pendant une longue suite de siècles, avant d'arriver aux limites que l'Éternel a posées, et qu'il ne nous sera jamais donné de franchir. En écrivant des conjectures sur les progrès possibles des sciences, on s'expose au double danger de rester fort au-dessous de la vérité, et de passer pour un rêveur. Cependant, on peut présumer que nos successeurs s'élèveront à des découvertes aussi fécondes, aussi puissantes pour avancer la civilisation, que l'ont été la découverte de l'imprimerie et celle de la boussole. Un officier d'artillerie a, dit-on, trouvé les moyens de mettre un navire destiné au commerce en état de détruire un vaisseau de guerre. Quelle influence cette invention exercerait sur la liberté des mers! De simples perfectionnements et même de simples applications de ce qui existe, par exemple, de la lithographie et du télégraphe, auront peut-être un jour des résultats incalculables.

« Les progrès des sciences morales et politiques sont plus difficiles et moins évidents que ceux des sciences physiques et mathématiques. Celles-ci, s'exerçant sur la matière inerte, le champ de leurs observations est stable; l'expérience constate aisément l'utilité de leurs découvertes; et pour en faire des applications certaines, il suffit de calculs exacts. Les sciences qui traitent de l'homme et de la société s'exercent sur des sujets mobiles, moins soumis aux sens qu'à la pensée; les données qu'exige la solution de leurs problèmes sont nombreuses, compliquées et délicates à saisir. Les faits qu'on recueille pour servir de base aux sciences dont je parle, étant sujets à des interprétations différentes, les théories qui en résultent ne persuadent pas également tous les esprits; et lorsqu'elles sont démontrées, combien de circonstances viennent modifier, contrarier, repousser leurs applications! Enfin, une mystérieuse loi de la nature veut que presque toujours les hommes nés pour répandre de nouvelles lumières, soient persécutés par leurs semblables. Ils blessent l'amour-propre, ils froissent des intérêts; les intérêts et l'amour-propre se vengent. Si des vérités mathématiques ont valu des persécutions à ceux qui les avaient découvertes, le danger est plus imminent lorsqu'il s'agit de vérités qui, par leur nature, sont moins évidentes, et qui touchent à des intérêts plus étendus et plus graves. Aussi beaucoup d'observateurs paisibles, craignant l'animosité des partis, n'osent hasarder leurs idées, abandonnent la plume aux mains vénales ou factieuses; et l'on est privé d'ouvrages qui seraient précieux, car ils seraient écrits de bonne foi. Toutes ces causes réunies expliquent suffisamment pourquoi les progrès des sciences morales et politiques sont les moins rapides. Cependant, pour ces sciences ainsi que pour les autres, il est évident que les générations successives peuvent profiter des lumières et même des erreurs de celles qui les ont précédées; qu'elles peuvent, par conséquent, s'éclairer toujours davantage, et multiplier les résultats pratiques des découvertes utiles.

« Le raisonnement prouve donc que l'espèce humaine est susceptible d'être améliorée ; mais remarquons-nous en elle des progrès véritables ? L'expérience vient-elle confirmer une théorie féconde en espérances ? Pour juger cette question, on ne doit pas considérer des détails auxquels il est toujours facile d'en opposer d'autres ; on ne doit pas s'arrêter à des actes isolés, quelque grande que paraisse leur importance : c'est un vaste ensemble de faits qu'il est nécessaire d'embrasser » (1).

« On peut affirmer, sans crainte de s'écarter de la vérité, que la civilisation, en relevant insensiblement la moyenne, a resserré en même temps les limites entre lesquelles l'homme peut varier. » Page 255.

J'avais déjà exprimé, en 1832, l'opinion que les progrès des lumières tendent à diminuer de plus en plus les variations que l'on remarque dans le système social ; voyez la lettre à M. Villermé, *Sur la possibilité de mesurer l'influence des causes qui modifient les éléments sociaux.* En rendant compte de cet opuscule dans la *Bibliothèque universelle de Genève,* M. Alph. Decandolle présente, de son côté, les réflexions suivantes. « En voyant les calculs de M. Quételet, nous sommes toujours plus convaincus d'une vérité ; c'est que, pour toutes les

______

(1) *OEuvres de Joseph Droz,* tome II, p. 220, de la Philosophie morale, chap. ix.

choses où la volonté de l'homme a de l'influence, les variations sont d'autant plus faibles que le pays est plus civilisé, en sorte que la grandeur des variations est un moyen d'apprécier la véritable civilisation d'un peuple. En voici quelques exemples.

« L'uniformité dans le prix des denrées, suppose un état de choses assez perfectionné pour que les produits de l'agriculture ne varient pas beaucoup d'une année à l'autre. Dans une ferme bien dirigée, les cultures sont assez nombreuses et assez bien choisies, pour que l'abondance de l'un des produits supplée à la rareté de l'autre. Il faut aussi, pour que les prix s'égalisent, que les moyens de transport soient faciles et que les cultivateurs ou les spéculateurs aient assez d'aisance, de liberté et de sécurité, pour garder en magasin, lorsque les prix sont bas, afin de vendre lorsque la cherté se fait sentir. L'uniformité dans le taux des salaires, suppose une certaine stabilité dans les entreprises commerciales, peu de faillites, peu de spéculations aventureuses. Cela suppose aussi que les maîtres et les ouvriers ont assez de prévoyance pour s'être préparé des ressources en cas d'interruption de profit ou de cherté des vivres. L'uniformité du nombre des décès montre qu'il n'y a pas eu de cause de misère imprévue et de ces fléaux dévastateurs, que l'hygiène publique et particulière doivent atténuer. L'uniformité des mariages et des naissances se lie à celle des décès. La régularité dans la répression des crimes est une preuve de bonne justice, celle des recettes du trésor d'une bonne administration et d'une prospérité publique bien établie.

« La statistique peut donc fournir des données précises sur la civilisation relative des peuples. »

M. Villermé finit par une remarque analogue son beau travail *Sur les épidémies sous les rapports de la statistique médicale et de l'économie politique.* « Un fait bien plus important, dit ce savant statisticien, parce qu'il renferme un enseignement directement utile, une leçon dont l'application est aisée, est la diminution de fréquence et d'intensité des épidémies par les progrès de la civilisation, et même leur disparition en plusieurs endroits. Faisons des vœux pour que cette leçon soit mise à profit, autant qu'il est possible, par les gouvernements, par les administrations publiques, et par tous ceux que leur devoir ou leur position appelle à travailler au bonheur des hommes ! »

Les mêmes faits viennent aussi à l'appui de la proposition placée à la fin du chapitre 5 de la 2e section du Ier livre de cet ouvrage, et qui est ainsi conçue : *Les phénomènes sociaux influencés par le libre arbitre de l'homme, procèdent, d'année en année, avec plus de régularité que les phénomènes purement influencés par des causes matérielles et fortuites.*

Condorcet termine son *Esquisse d'un tableau historique des progrès de l'esprit humain,* par la réflexion suivante : « Nos espérances, sur l'état à venir de l'espèce humaine, peuvent se réduire à ces trois points importants : la destruction de l'inégalité entre les nations ; les progrès de l'égalité dans un même peuple ; enfin, le perfectionnement réel de l'homme. » L'auteur s'attache surtout à montrer que les inégalités dans les conditions sociales et dans l'état des lumières, tendent de plus en plus à diminuer, sans qu'elles puissent disparaître jamais d'une manière complète.

C'est en s'occupant de la perfectibilité de l'homme, qu'il expose ses vues sur l'allongement indéfini de la vie. Nous reproduirons ici ce passage, que nous ne chercherons certainement pas à soutenir, pas plus que ses opinions sur la mission de l'art de guérir.

« Personne ne doutera sans doute, dit Condorcet, que les progrès dans la médecine conservatrice, l'usage d'aliments et de logements plus sains, une manière de vivre qui développerait les forces par l'exercice, sans les détruire par des excès ; qu'enfin, la destruction des deux causes les plus actives de dégradation, la misère et la trop grande richesse, ne doivent prolonger pour les hommes la durée de la vie commune, leur assurer une santé plus constante, une constitution plus robuste. On sent que les progrès de la médecine préservatrice, devenus plus efficaces par ceux de la raison et de l'ordre social, doivent faire disparaître à la longue les maladies transmissibles ou contagieuses, et ces maladies générales, qui doivent leur origine aux climats, aux aliments, à la nature des travaux. Il ne serait pas difficile de prouver que cette espérance doit s'étendre à presque toutes les autres maladies, dont il est vraisemblable que l'on saura toujours reconnaître les causes éloignées. Serait-il absurde, maintenant, de supposer que ce perfectionnement de l'espèce humaine doit être regardé comme susceptible d'un progrès indéfini ; qu'il doit arriver un temps où la mort ne serait plus que l'effet, ou d'accidents extraordinaires, ou de la destruction de plus en plus lente des forces vitales, et qu'enfin la durée de l'intervalle moyen, entre la naissance et cette destruction, n'a elle-même aucun terme assignable ? Sans doute l'homme ne deviendra pas immortel, mais la distance entre le moment où il commence à vivre, l'époque commune où naturellement, sans maladie, sans accident, il éprouve la difficulté d'être, ne peut-elle s'accroître sans cesse? Comme nous parlons ici d'un progrès susceptible d'être représenté avec précision, par des quantités numériques ou par des lignes, c'est le moment où il convient de développer les deux sens dont le mot *indéfini* est susceptible.

« En effet, cette durée moyenne de la vie, qui doit augmenter sans cesse, à mesure que nous enfonçons dans l'avenir, peut recevoir des accroissements, suivant une loi telle, qu'elle approche continuellement d'une étendue illimitée, sans pouvoir l'atteindre jamais; ou bien suivant une loi telle, que cette même durée puisse acquérir, dans l'immensité des siècles, une étendue plus grande, qu'une quantité déterminée quelconque qui lui aurait été assignée pour limite. Dans ce dernier cas, les accroissements sont réellement indéfinis dans le sens le plus absolu, puisqu'il n'existe pas de borne, en deçà de laquelle ils doivent s'arrêter.

« Dans le premier, ils le sont encore par rapport à nous, si nous ne pouvons fixer ce terme, qu'ils ne peuvent jamais atteindre, et dont ils doivent toujours s'approcher; surtout si, connaissant seulement qu'ils ne doivent point s'arrêter, nous ignorons même dans lequel de ces deux sens, le terme d'indéfini leur doit être appliqué; et tel est précisément le terme de nos connaissances actuelles, sur la perfectibilité de l'espèce humaine, tel est le sens dans lequel nous pouvons l'appeler indéfinie.

« Ainsi, dans l'exemple que l'on considère ici, nous devons croire, que cette durée moyenne de la vie humaine doit croître sans cesse, si des révolutions physiques ne s'y opposent pas; mais nous ignorons quel est le terme qu'elle ne doit jamais passer; nous ignorons

même si les lois générales de la nature, en ont déterminé, au delà duquel elle ne puisse s'étendre. »

« *Cet état, qui tient le milieu entre les extrêmes, se
trouve en toutes nos puissances. Nos sens n'aperçoivent rien d'extrême.* » Page 270.

Cette même idée se trouve reproduite plusieurs fois
dans les *Pensées* de Pascal. On voit que l'auteur y re-
venait avec une espèce de prédilection.

« La faiblesse de la raison de l'homme paraît bien
davantage en ceux qui ne la connaissent pas qu'en
ceux qui la connaissent. Si on est trop jeune, on ne
juge pas bien. Si on est trop vieux, de même. Si on
n'y songe pas assez, si on y songe trop, on s'entête, et
l'on ne peut trouver la vérité. Si l'on considère son ouvrage incontinent après l'avoir fait, on en est encore
tout prévenu. Si trop longtemps après, on n'y entre
plus. Il n'y a qu'un point indivisible qui soit le véritable lieu de voir les tableaux : les autres sont trop près,
trop loin, trop haut, trop bas. La perspective l'assigne
dans l'art de la peinture. Mais dans la vérité et dans la
morale, qui l'assignera (1)? »

« L'extrême esprit est accusé de folie comme l'extrême défaut. Rien ne passe pour bon que la médiocrité. C'est la pluralité qui a établi cela, et qui mord
quiconque s'en échappe par quelque bout que ce soit.
Je ne m'y obstinerai pas; je consens qu'on m'y mette;

----

(1) Pascal, tome II, Pensées, p. 94.

et si je refuse d'être au bas bout, ce n'est pas parce
qu'il est bas, mais parce qu'il est bout ; car je refuse-
rais de même qu'on me mît au haut. C'est sortir de
l'humanité que de sortir du milieu; la grandeur de
l'âme humaine consiste à savoir s'y tenir ; et tant s'en
faut que sa grandeur soit d'en sortir, qu'elle est à n'en
point sortir (1). »

Voltaire ajoute dans ses commentaires sur Pascal :
« Ce n'est pas l'extrême esprit, c'est l'extrême vivacité
et volubilité de l'esprit qu'on accuse de folie ; l'extrême
esprit est l'extrême justesse, l'extrême finesse ; l'extrême
étendue opposée diamétralement à la folie. L'extrême
défaut d'esprit est un manque de conception, un vide
d'idées ; ce n'est point la folie, c'est la stupidité. La
folie est un dérangement dans les organes, qui fait voir
plusieurs objets trop vite, ou qui arrête l'imagination
sur un seul avec trop d'application et de violence. Ce
n'est pas non plus la médiocrité qui passe pour bonne,
c'est l'éloignement des deux vices opposés ; c'est ce
qu'on appelle *juste milieu* et non *médiocrité*. On ne
fait cette remarque, et quelques autres dans ce goût,
que pour donner des idées précises. C'est plutôt pour
éclaircir que pour contredire. »

(1) Pascal, tome II, Pensées, p. 143.

TABLE DES MATIÈRES.

LIVRE DEUXIÈME.

DES SOCIÉTÉS.

SECTION PREMIÈRE.

DE L'ÉTAT PHYSIQUE.

SECTION II.

DE L'ÉTAT MORAL.

SECTION III.

DE L'ÉTAT INTELLECTUEL.

LIVRE TROISIÈME.

DE L'HUMANITÉ.

NOTES.

FIN.

BIBLIOTHEQUE   NATIONALE

SERVICE DES NOUVEAUX SUPPORTS

58, rue de Richelieu,   75084 PARIS CEDEX 02   Téléphone   266 62 62

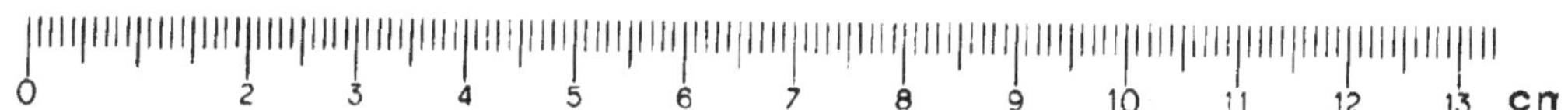

Achevé de micrographier le :   17/05/ 1978

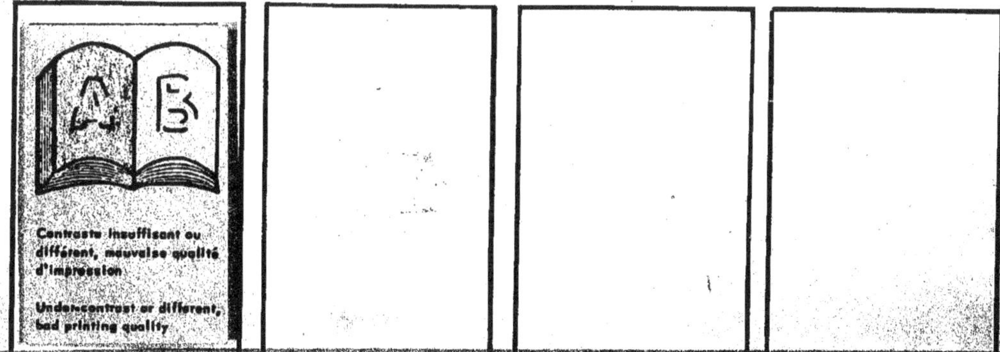

Défauts constatés sur le document original